一人の子どものニーズに応えるシステム

アメリカのスクールカウンセリング

高原　晋一

はじめに

本書が話題とする「スクールカウンセリング」は、日本でいえば幼稚園年長から小学校、中学校、そして高等学校までに相当する学年のためのプログラムを指します。いわゆる「K－12」[1]と呼ばれる、初等・中等教育の範囲です。アメリカ合衆国（以下、アメリカ）では、多くの州で幼稚園の年長に当たる学年から義務教育が始まります。幼稚園は、設備費や人件費を節約するために、しばしば小学校の敷地内に設置されています。したがって、小学生を担当するスクールカウンセラーが幼稚園の子どもも担当している場合が多くなっています。

筆者はケンタッキー州の都市ルイビルに数年間滞在し、スクールカウンセリングについて学びました。ルイビルは、二五万六千の人口をもつケンタッキー州最大の街で、「ケンタッキーダービー」の開催地として知られています。教育の問題にも住民の関心が高い地域です。スクールバスの運行経路を調整することにより、公立学校ごとの人種の偏りをなくすという、「バシング（busing）」の制度が初めて実施されたところでもあり、古くからカール・ロジャーズの提唱したカウンセリングの方法が、学校の中で試みられていた都市でもあります。

言うまでもなくアメリカの教育は、日本とは大きく異なる歴史・風土・文化の中で育まれ発展してきました。背景となっている文化についての理解がなければ、カウンセリングの方法は奇異なものに見えるかもしれませんし、カウンセリングの意味をとらえることも困難です。アメリカで用いられている方法やプログラムを日本でそのままの形で真似てみても、思ったほどの成果は上がらなかったり、あるいはまったく成果がないという結果に終わったりすることもしばしばです。反面、アメリカで得られるほどの成果は見られないものの、ある程度の成果が上がる方法や、日本風に応用すれば効果のある技術があることも確かです。どのような方法を、どのようにアレンジすれば、日本でも違和感のないものになるのかという問題は、カウンセラーのみならず、教育に携わる人たちにとって大きな課題でしょう。

本書は、そのような問題を考えるための、ささやかな資料を提供することを目的として書かれました。第1章は、アメリカのスクールカウンセラーの仕事を紹介しています。第2章では、スクールカウンセリングというプログラムが、アメリカという社会でどのような形で発展してきたのかを説明します。スクールカウンセラーの養成や資格制度についても触れています。第3章では、スクールカウンセラーがどのような方法や技法を用いて役割を果たしていくのかを述べています。第4章では、アメリカのスクールカウンセリングについて、日本における教育相談や生徒指導の役割を参照しながら、筆者の考えを述べています。

本書は、各州のスクールカウンセラー協会などの団体が発行している「役割声明（mission statement）」といった文書を解説したり論じたりしているものではなく、筆者が実際に体験したことや感じたことを基にした内容になっています。アメリカの学校についてすでに知識のある方には、退屈な部分があるかもしれません。また、カウンセリングに用いられる個々の技法などのアイデアについては、文献が数多くあり、ワークショップなども開かれていますので、必要以上に解説はしていません。また、日本とアメリカのスクールカウンセリングについて、優劣の判断をすることは本書の意図ではありません。

本書では、アメリカにおける、主として公立学校の一般的なスクールカウンセリングのモデルを紹介しているつもりですが、著者の知識の範囲や経験には限りがあります。一部の地域でしか行われていない内容や、特定の学校についての偏った内容を記述したりしている部分もあるかもしれません。もとよりアメリカにおけるスクールカウンセリングの内容を網羅しているわけではありません。加えて、日本との文化的な違いを意図的に強調した部分もあります。あくまでも筆者個人の経験と観察に基づいたスクールカウンセリングの説明であることを、ご承知おきください。

著　者

1　「K—12」は幼稚園年長課程（「kindergarten」の「K」で表す）の一年間および小学校第一学年から高等学校最終学年までの計一三年間の学校教育課程を表します。アメリカでは、小・中・高等学校の学年制度が州によって異なるため、各学年を小学校第一学年から始まる一から一二までの数字で言い表すことで誤解を避けています。例えば、五・三・四の学年制を敷くケンタッキー州では、「八年生」といえば中学校の三年目の学年を指します。

もくじ

第2章　スクールカウンセリングの成り立ち　51

第3章　問題領域と、よく使われる技法　79

第4章　日本の学校から見たスクールカウンセリング　127

コラム

あとがき

写真提供＝三浦沙織（千葉大学教育学部）

第1章
スクールカウンセラーの仕事

第１章では、アメリカにおけるスクールカウンセラーの仕事を紹介します。

▼小学校のカウンセリング室

スクールカウンセラーの一日

アメリカでは、スクールカウンセラーは、中学校や高校だけでなく、小学校にも配属になっていることが普通です。

小学校で働くスクールカウンセラーが、一日に行う仕事の例を、表1に紹介します。日本のスクールカウンセラーの仕事と、どのような違いがあるでしょうか。

個人情報を保護するために変更を加えてはいますが、表1に示した内容は、筆者の実際の体験と観察に基づいています。アメリカのスクールカウンセラーの仕事は、地域や子どもたちの様子によって異なる部分も多く、一般化することは困難ですが、それにしても、日本の「スクールカウンセラー」とは、ずいぶん異なった仕事をしています。

アメリカのスクールカウンセラーは、学校教育に関する様々な分野にかかわる仕事をしています。しかし、スクールカウンセラーも、他の多くの職業と同じように、「専門家（スペシャリスト）」としてとらえられています。それでは、スクールカウンセラーはいったい、何についてのスペシャリストなのでしょうか。単に学校教育の専門家というだけなら、教科担当の教師やその他の学校職員とは、どのような専門性によって区別されているのでしょうか。

このことを考えるために、まず、学校における専門性ということについて述べたいと思います。

▼小学校のカウンセリング室の棚

		・食堂にやってきた五年生に声をかける。夜、魔女が自分の部屋に現れるので眠れないと訴えているので、事情を聞く。 ・面接直後、保護者に電話連絡をし、精神科での検査を勧める。
11：50	校内巡回	・ある子どもが、多動を抑える薬をのむため事務室に立ち寄ったので、具合を尋ねる。 ・「今月の優良生徒」として廊下に貼り出す子どもの写真を撮る。 ・カウンセリング室の投書箱を確認する。
午後 12：00	面談補佐 授業評価	・CPSの担当者が来校し、子どもと面接をする。 ・その間、学校長とともに算数の授業を参観し、コメントを記入する。
12：45	小グループ	・小グループ活動を行う。テーマは、「親の離婚を乗り越える」。
1：30	生徒相談	・地域のカウンセリングセンターに通っている子どもが経過報告に来て、「アンガーマネジメント（怒りの感情に対処する訓練）」の成果を、学校でどのように生かすかについて話し合う。
2：00	昼食	・昼食をとり始めるが、子どもが来たので途中で切り上げる。
2：10	生徒相談	・教科担当教師が、授業中に理由もなく教室を歩き回る子どもをカウンセリング室によこしたので、その子どもと面接をする。2時15分から予定されていたガイダンスの授業はキャンセルし、英語の授業に切り替えてもらう（普段から、このような状況に対処できるようになっている）。
2：55	学業支援	・授業時間が終了する。学習障害を持つ子どもを呼び、今日学んだ内容と、宿題のやり方についての確認をしておく。この間、他の子どもたちは帰りの仕度をしている。
3：05	下校援助	・迎えに来た人を確認しながら、子どもを一人ずつ車に乗せる。
3：20	外部連絡	・同じシャツを洗濯せずに何日も着ている子どもがおり、昼食代も持っていなかったので、学校区事務所にいるスクールソーシャルワーカーに電話で連絡をとり、二～三日中に家庭の様子を見にいってもらうよう、要請する。
3：30	コンサルテーション	・宿題を提出しない子どもについて教師から相談を受けたので、対処方法を検討する。
3：45	事務・雑務	・学校区事務所に心理テストの残部があるかどうか、電話で確認する。 ・特別教育を受けているある子どもについて、再検査の時期が近づいたので、スクールサイコロジスト（学校専門の心理士）に連絡する。 ・送付された学力テストの結果を、子どもごとにファイルする。 ・ある子どもについての、病院からの診断書と精神科医の所見に目を通す。
3：55	準備	・翌日のスケジュールと、ガイダンスの授業内容の確認をする。
4：05	学校発	・学校を出て、そのまま大学院の講座に出席する。

表1　ある小学校のスクールカウンセラーの一日

	内　容	概　　　要
午前 7：05	学校着	・日程の変更を確認する。
7：10	準備	・ガイダンスの授業のための準備をする。
7：30	会議	・職員の打ち合わせに出る。
7：45	登校援助	・子どもを送ってきた保護者から、健康状態や連絡事項を聞く。
7：50	生徒相談	・登校途中バスの中でいじわるをされたという子どもの訴えを聞く。
7：55	安全確認	・セイフティパトロール（リーダーの子ども）から、バスの中の様子についての報告を受ける。
8：00	日程確認	・日程の変更を、関係の教師に連絡する。 ・保護者より、午前中に面談を希望する旨の電話連絡を受ける。
8：05	生徒相談	・スクールバス内でのいさかいについて、子どもと話し合う。
8：12	校内巡回	・食堂へ行き、朝食をとっている子どもたちに始業時間を知らせる。 ・教室を回り、教師に、ガイダンスの授業についての連絡をする。 ・小グループの開始時間や薬をのむ時間を､該当する子どもに連絡し、必要なときに教室を出るための「許可証（hallway pass）」を渡す。 ・各教室の子どもたちの様子を見る。テレビには、放送委員が学校からの連絡を読み上げる画面が映し出されている。
8：20	出欠確認	・事務担当職員が、各クラスの出欠についての連絡を受けている。定期的に面接している子どもが､出席しているかどうかを確認する。 ・カウンセリング室の投書箱を調べ、面接希望を確認する。
8：30	保護者面接	・ある子どもの父親が来校する。離婚のため、母親に送迎の権利がなくなったという連絡を受け、送迎者リストを改める。
8：55	連絡	・卒業した子どもの在学時の様子について、進学先の中学校のカウンセラーより電話で問い合わせがある。
9：04	ガイダンス	・ガイダンスの授業を行う。テーマは、「銃を見たらどうするか」。
9：49	生徒相談	・面談を希望していた二人の五年生とカウンセリング室で面接をする。クラス内の人間関係が険悪になっているという訴えで、関係する子どもを呼び出して話し合う。
10：15	外部連絡	・州の公的機関であるCPS（Child Protection Service）より、ある保護者に児童虐待の疑いがあるので、子どもから事情を聞きたいとの電話連絡を受ける。該当する子どもについての、学校での様子を説明する。その後、面接のための部屋を確保する。
10：38	ガイダンス	・別のクラスでガイダンスの授業を行う。テーマは同じく「銃を見たらどうするか」。
11：25	生徒相談	・教室からの帰りがけに、食堂をのぞく。昼食は、学年ごとに時間をずらしてとることになっている。

スペシャリストモデルにおける教師とは何か

よく言われることですが、アメリカには、「サラリーマン」「会社員」や「商社マン」などといった「職種」は存在しません。[1] 職種として、「事務員、秘書」「会計係」「販売員、接客要員」「エンジニア」等があり、その名称を見れば何の仕事をする人なのかがわかるようになっています。つまり、職業を選ぶということは、何を「専門」とするかを選ぶことを意味しています。それぞれが「専門家（スペシャリスト）」として仕事をしているのです。アメリカにおける「キャリア教育」は、こうした事情のもとで発展したものにほかなりません。

理想的な「スペシャリスト」は、仕事に個人的な（personal）感情を持ち込まず、クールな態度で、役割を確実に遂行する者と考えられているようです。単に専門的な技術や能力を持つだけでなく、必要なこと以外は詮索せずに自分の仕事に集中し、期待される成果を上げる専門家が、「プロ」とみなされるのです。自らの技術不足や子どもの不本意な言動に、いたずらに感情を動かされることなく、状況をどう改善していけばよいかを客観的な態度で考えるのが、プロの教師としての態度です。

アメリカの公立学校では、「ホームルームティーチャー」となっている教師は、朝出勤すると自分の受け持つ教室に入り、子どもたちの登校を待ちます。時折、始業前の時間に短時間の会議が行われることもありますが、たいていは自分の教室（子どもにとっての「ホームルーム」[2]）で出欠を取り、すぐに授業を行い、授業の時間が終われば、間もなく帰宅することになります。課外活動は、通常の教師としての業務とは別個の仕事とみなされます。教科担当の教師は教科指導のスペシャリストであり、教科の指導に専念するのがその役割です。

アメリカでは、小学校の教科担当教師が、日本のように複数の異なる教科を担当することもありますが（例えば同じ教師が英語や社会科を教えている）、日本と比べると分業化が進んでいます。学校によっては、美術や音楽のみならず、数学、理科、社会などの各教科を、それぞれ異なる教師が担当していることもあります。

また、例えばケンタッキー州の公立小学校では、主要教科を担当する教師については、担当する学年が固定されており、各学年のスペシャリストとしての色彩が強くなっています。ただし、「学年」といっても、各学年に所属する子どもを、発達の程度に応じて二つのグループに分け、例えば一年生の半数と二年生の半数を組み合わせて「第一・二学年」というクラスをつくるようなこともあります。中学校でも、英語を教える教師は、中学校専門の英語教師の資格を取得します。アメリカの多くの州で、教員採用のための能力検査として使用されている「プラクシス・テスト（Praxis Test）[3]」では、同じ教科であっても発達段階に合わせた別々の試験が用意されています。一人ひとりの子どもの発達段階が強く意識され、それに応じたスペシャリストとしての教科担当教師を中心にして授業が行われるのです。

教科担当の教師は、必要に応じて、子どもが授業中にムダ話をした場合や、隣の席の子をからかった場合の指導はしますが、注意を聞かなかったり、手に負えない状態になったりしている場合に無理な指導をしません。教師の側の不備で起きている問題でなければ、子どもの行動については子どもが問題を持っていると考えます。問題を持っている子どもは、教師が任務を遂行する上での妨げになります。教科担当の教師は、授業を妨げる問題を所有する子どもを別の職員のところへ送るのが普通です。

1 アメリカにおける「職種」を知るには、キャリアカウンセラーやスクールカウンセラーがしばしば参照する、『Occupational Outlook Handbook』（米国労働省編纂）が参考になります。

2 アメリカの学校では、教師は自分の持ち部屋に待機し、授業を受けるときは、子どもたちが自分の時間割に従って個々の教師の部屋を訪れる形になります。「ホームルーム」は、朝の登校直後と夕方の下校直前に子どもたちが立ち寄り、出欠の確認をする教室を指します（英語の「ホームページ」が、サイト内の各ページを巡回する際の起点のページを指していることを思い浮かべてください）。「ホームルームティーチャー」は、そのホームルームに待機している教師のことを指し、日本でいうような、「学級担任」として子どもたちの生活上の面倒を見る役割を持つ教師のことではありません。

3 「プラクシス・テスト」は、「Educational Testing Service」という団体によって実施されている、教師用の能力テストです。合格すれば、その州内で教職員の採用試験を受ける資格ができますが、受験科目や合格点については州ごとの規定があります。

アメリカの学校では職員の構成はどうなっているか

日本では、教師は授業を担当するほかに、学級担任として生徒指導にあたったり校務分掌を担当したり、部活動をはじめとする教科外活動にも携わっています。いわば各教師が、子どもたちの学校生活の様々な局面にかかわっているわけです。

一方、アメリカの学校では、教科担当の教師は特定の学年の子どもについての教科指導に関するスペシャリストであり、教科指導以外の点について責任を持つことはあまりありません。代わりに、通常の教科指導を担当する教師のほかに、障害者を担当する特殊教育担当の教師や、通常の授業方法では効果が上がらない子どもを担当するリソースティーチャー（三九頁参照）、心理的・社会的発達という点から子どもたちの学業・学校生活や進路選択を支援するスクールカウンセラーが常勤の職員として働いています。

正教員を補佐する補助教員（八七頁のコラム参照）もいます。これらの職員は、学校長、副校長、事務員、用務員、警備員、給食担当の職員、また、スクールサイコロジスト（学校専門の心理士）、

表2　ある中学校（第6～8学年）の職員構成

管理職	学校長　1	副校長　1	カウンセラー　2	
事務	管理職付　1	教務・出欠担当 1	カウンセリング室担当　1	会計　1
各学年担当教科教師	数学　7（各学年2～3）	理科　3（各学年1）	技術　1	コンピュータ　1
	英語・言語　6（各学年2）	作文　1	読書　1	社会　5（各学年1～2）
	保健体育　3（各学年1）	特殊教育　3（各学年1）		
全学年共通教科教師	家庭科・消費者教育　1	美術　1	合唱　1	吹奏楽　1
特殊教科	リソース　3	学習方法指導　1	移住者適応教育（非常勤）1	
助手・看護	実験助手　1	視聴覚助手　1	司書　1	スクールナース　1
	補助教員3（各学年1）	特殊教育担当補助教員　4	言語療法士（非常勤）　1	ホームスクール・アドバイザー　1
委託職員	用務員　2	警備員　1～2（時間帯による）	調理・食堂係　5	

☆　数字は人数を表します。

スクールソーシャルワーカー、学校外部のカウンセラーなどといった派遣職員や言語療法士（三九頁参照）といった非常勤職員とともに一つのチームを構成し、それぞれの分野のスペシャリストの集合体としての体制をつくっているのです。

例として、ある公立中学校（第六～八学年）の職員構成を、表2に挙げます。約五〇〇人の子どもを擁する学校の例ですが、日本の学校と比べて、通常の教科指導に従事する教師以外の職員の存在が特徴的です。ただし、アメリカの学校は地域や子どもの事情によって大きな違いがあるので、どの学校もこのような構成になっているわけではないことをご了承ください。なお、このリストには、スクールサイコロジストなどの派遣職員は含まれていません。

スクールカウンセラーは何のスペシャリストなのか

スクールカウンセラーという役職についての公式な説明として、米国スクールカウンセラー協会[4]によるものがありますが、これは、日本の教育事情を念頭に置くと、類推することが難しい記述になっています。筆者の印象を簡単にまとめれば、スクールカウンセラーとは、「在籍する個々の（すべての）子どもが、学校の提供するサービスの恩恵を最大限に受ける機会をととのえる」役職ということになります。アメリカでは、「学校」は、子どもに「学業・進路選択・個人的および社会的発達」に関するサービスを提供する機関であるととらえられています。したがって、スクールカウンセラーの仕事は、これら三つの分野について、子どもたちがよいサービスを受けることができるように支援すること、と考えることができます。

州や地域の事情、学校の方針や子どもの違いによって、仕事の細部は変わってくるものの、スクールカウンセラーの仕事が、⑴学業支援、⑵進路選択支援、⑶個人的および社会的発達支援、という三つの領域にかかわるものであるという認識は、全米で統一されています。米国スクールカウンセラー

(3) 個人的および社会的発達支援

分　類	内　　容	実　施　方　法
個人的・社会的発達支援	・心理行動面の問題の発見 ・問題への介入、治療的支援 ・個人の発達支援	・面談、相談 ・保護者連絡・面談、職員会議 ・照会、紹介（外部カウンセリング、施設など）
	・問題の予防、啓発 ・社会性の育成	・問題予防プログラムの企画・実施 ・ガイダンス、グループ活動
	・特別な配慮を必要とする生徒の支援	・面談、相談、照会、紹介 ・職員・保護者との会議、面談 ・補助職員の手配、研修、相談 ・個性、いじめの防止等に関する教育 ・個別教育計画会議、個別時間割作成
	・学校生活に関する支援	・スクールバスの生徒割り当て ・登下校の指導・巡回 ・交通・災害安全指導
	・転校に関する支援	・転校に関する手続き、関係書類の管理 ・転校に伴う心理的援助
	・衛生管理	・生徒の健康・衛生面に関する管理 ・生徒が発病したときなどの保護者連絡
組織支援	・コンサルテーション[6] ・支援プログラムの発案・実施	・コーディネーション（チームづくり） ・各種会議の実施 ・職員および保護者研修の企画・実施 ・職員・実習生のスーパービジョン[7]およびポートフォリオ[8]作成指導 ・各種プログラムの企画と実施（スクールワイド・プログラム[9]他）
	・管理職支援	・学校管理支援（校長、副校長に対する）
	・外部との連携	・学区域および州の教育関係者・施設・専門家との連絡 ・学校支援団体（企業、ボランティア団体、非営利団体等）との連携
査定	・各種検査の計画・実施	・保護者、職員との連絡 ・スクールサイコロジスト等との連絡

表3　スクールカウンセラーの仕事

(1)　学業支援

分　類	内　　容	実　施　方　法
教務	・カリキュラム・時間割の作成 ・生徒の個別時間割作成 ・選択科目の調整	・ガイダンス ・面談、各種会議（個別教育計画会議等） ・教育計画作成
	・学力検査の実施	・実施計画作成 ・実施（監督者の手配、補助要員依頼） ・受検指導、結果のまとめ
	・成績の記録・記録管理	・保管場所の確保・鍵の管理 ・進級会議の招集、結果通知 ・成績証明書の作成・発行
	・授業補佐	・代用教員・補助教員の援助 ・ボランティアの配置
学習支援	・相談（学習方法・進度、受験技術等について）	・面談、授業参観、学習指導 ・担当教師との面談、会議
連携	・連絡、相談、会議	・各教科担当教師・特殊教育担当教師への連絡 ・スクールサイコロジスト等との連絡
	・報告	・学校区[5]や州の担当者との連絡

(2)　進路選択支援

分　類	内　　容	実　施　方　法
キャリア教育	・職業に関する教育 ・啓発、奨励 ・各生徒の進路計画作成支援 ・職業紹介 ・学校紹介、受験支援	・ガイダンス ・各種面談、相談 ・外部講師等の招聘
	・各種行事の企画・実施、生徒引率 ・外部との連携 ・体験学習、アルバイトの斡旋	・進学説明会、学校見学会 ・大学や研究機関・教育施設との連携 ・進学先・就職先との連絡
	・検査の実施	・進路適性検査・性格検査等の実施 ・検査結果の通知・説明、追跡調査
事務	・記録の保管と管理 ・奨学金にかかわる支援	・書類（推薦状等）の作成・発行 ・奨学金についての説明会の企画・開催

協会による、スクールカウンセリングの「全国標準（National Standard）」は、この三領域を柱として構成されています。

それぞれの領域に関して、スクールカウンセラーが果たしているおおよその役割を、表3に示しました。筆者が実際に体験し、または観察した内容を基に、まとめたものです。日本の教育関係者がイメージを描きやすいような分類と表現にしました。

なお、表中の「面談」「相談」は、いわゆるカウンセリングを含めて、個人および集団に対する支援の意味で使っています。それにしても、スクールカウンセラーの仕事についての明確な分類はきわめて困難です。地域や学校による違いも大きく、なかには複数の分野に重複する内容もあります。

4 米国スクールカウンセラー協会（American School Counselor Association）は、スクールカウンセラーの福利厚生、技術の向上、研究の支援などを目的とした組織です。こうした「協会（association）」は、自発的につくられた団体です。

5 「学校区（school district）」は、教育委員会（education board）によって運営され、その長は「superintendent（教育長）」と呼ばれます。学校区事務所は、人口や通学の便などを考慮して各州によって定められた「学校区」内に設置されている公立幼稚園・小・中・高等学校を管轄します。事務所は、職員の連絡会議から校舎の修繕まで、様々な活動にかかわっています。学校区内の学校に配置されたスクールカウンセラーは、スクールカウンセリング・プログラムの「ディレクター（director）」によって統率されています。

6 「コンサルテーション」は、職員や保護者との面談などを通じて間接的に子どもを支援することです。

7 「スーパービジョン」は、職員や実習生に対する教育的支援を指します。

8 「ポートフォリオ」は、各自の実績を資料として集積したもので、しばしば就職や昇進の際に自己アピールの材料として用いられます。

9　「スクールワイド・プログラム」は、学校全体で行われる行事や特別活動を指します（一五五頁のコラム参照）。

学校種別による仕事内容の違い

スクールカウンセラーの仕事について、基本的な部分は、小・中・高等学校の別による違いはありません。小学校で働いていたスクールカウンセラーが中学校に転勤になるなど、異なる種類の学校に異動になることも珍しくありません。

もちろん、子どもの発達段階を意識することは必要です。小学校では、基本的な生活に関する仕事内容がおのずと多くなり、中学校や高等学校では、学業や進路に関する支援の比重が大きくなります。また、小学校では、「カウンセリング室に呼ばれたときも叱られるとは限らない」「相談したいときはカウンセリング室を積極的に利用する」など、カウンセリング・プログラム自体についての啓蒙も重要な仕事になります。

個人やグループ単位での面接は、スクールカウンセラーの重要な仕事ですが、そうした際に使用する技法など、子どもの発達に合わせて変わってくることは、言うまでもありません。進路選択に関する仕事は、小学校から中学・高等学校へ行くに従って、より具体的な内容を扱うようになります。

スクールカウンセラーの仕事の実際

スクールカウンセラーは、どのような形で表3（二二一～二二三頁）に挙げたような仕事を行っているのでしょうか。具体的なイメージを描いてみることができるよう、筆者の体験に基づいて、スクールカウンセラーが実際に行った仕事の内容のいくつかを、次に紹介します。

学業支援

・新学期に、子ども一人ひとりと面接をして、個別に時間割を作成した。
・学力テストを各クラスに配布し、テストの実施責任者となった。
・教科学習に意欲がなく、課題に取り組まない子どもについて、教科担当の教師から相談を受けたので、その子どもと面接を行った。

・学習面での発達がかんばしくない子について、家庭に連絡をとって家庭での状況を尋ねた。

学業や進路についての支援にも、カウンセラーの持つ面接の技術が用いられます。小学校の段階から行われる州の統一テストや、「SAT」「ACT」（ともに、全米規模の標準化された学力テスト）など、学力検査の実施はカウンセラーの担当です。心理検査・適性検査・性格検査を含め、各種の検査結果を安全に保管しておくことも、スクールカウンセラーの仕事です。

アメリカでは、重大な支障がない限り、普通課程の公立学校にも精神的・身体的障害を持つ子どもが在籍しているのが通例になっています。障害のある子どもも支障なく教育を受けることができるように、補助要員を依頼する仕事も行います。

また、統計学の知識がない保護者にも、わかりやすくテスト結果を説明することもスクールカウンセラーの仕事です。アメリカでは偏差値よりもパーセンタイルが用いられることが多く、そうした表示の意味を明らかにすることは、学校教育に関するインフォームド・コンセントにつながります。

ただし、スクールカウンセラーは、障害者や特別クラスを含めて、教科指導（授業）は特別な理由がない限り行いません。特別な配慮を要する子どもの教科指導は、主にリソースティーチャーや特殊教育専任教師（special education teacher）が担っています。事情によっては、特定の教科についての教師免許を持つスクールカウンセラーが、特例として授業を行うこともありますが、原則として、教科指導はスクールカウンセラーの仕事ではありません。

・授業に外部からのゲストを招くことになったので、ゲストの都合に合わせて時間割を調整した。

特に小学校では、日本の学校で見られるような、一定の長さの「コマ」による時間割ではなく、数時間分の枠組み（ブロック）を大きく取っておき、必要に応じてブロックを分割する方式がとられています。こうすることによって、例えば算数の時間を一五分増やして英語を一五分減らす、というような柔軟な時間割をつくることができます。クラスごとの学習進度や、ゲストの都合などに合わせた時間割が可能になるわけです。このような時間割の調整は、スクールカウンセラーの仕事の一つです。

・急に休んだ教師がいたので、以前から用意してあった自習用の教材を印刷し、自習監督の教師に渡した。

前もって教師の休暇がわかっていれば、時間割の調整をすることができます。急の休みがあった場合は、学校長が、学校区ごとに設けられた「代理教員センター」に代理教員（substitute teacher）の派遣を要請します。代理教員センターは、登録された代理教員の中から、その日に仕事をすることが可能な者を朝のうちに探して学校へ派遣します。授業は、あらかじめ担当教師から提出されているシラバス（指導計画）によって進められますが、スクールカウンセラーは、自習用の教材を預かっていれば、それを代理教員に渡します。また、スクールカウンセラーの本来の仕事ではありませんが、代理の教師がどうしても見つからない場合など、自習監督にあたることもあるようです。

進路選択の支援

・進路について、子どもと面談した。
・他校に配属になっている進路専門のスクールカウンセラーを招き、協力して子どもの進路選択についての支援にあたった。
・大学を受験する子どもの推薦書と成績証明書を作成した。

スクールカウンセラーは、進路選択の支援についての仕事も受け持ちます。ある子どもの在学期間中の学校生活全般について最もよく知っており、出欠や学業成績などの正確な記録を保管しているのはスクールカウンセラーですから（教科担当の教師は常にある「学年」に固定されており、いわゆる持ち上がり制でないことが多い）、推薦書をスクールカウンセラーが書くことは理にかなっています。

一口に「スクールカウンセラー」と言っても、それぞれ得意分野があります。精神衛生を得意とするカウンセラーばかりでなく、職業高校に就職の支援を専門とするカウンセラーが配置されていたり、進学中心の指導方針を持つ高等学校に進学支援専門のカウンセラーが配属になっていたりします。

進路選択にかかわる啓蒙的なプログラムとしては、「キャリア・デー（様々な職業に携わる人を学校に招いて話を聞く学校行事）」「シャドウイング（模倣による職業体験）」「サービス・ラーニング（ボランティアや実際の体験を通じて仕事の意義や内容を学ぶこと）」などを挙げることができます。

精神衛生に関する仕事

・朝、いつもと様子の違う子どもがいたので、一時間目の授業中に呼び出して話を聞いた。

スクールカウンセラーは、原則として常勤の職員です。スクールサイコロジストが検査などの手段によって問題を見つけるのに対し、スクールカウンセラーは日常のかかわりを通して子どもを理解する手がかりを得ようとします。始業時から終業時まで生活をともにしていますから、子どもにかかわる問題をまずはじめに見つける可能性が高いことが、スクールカウンセラーの特色の一つです。

スクールカウンセラーが子どもとの面談を要請した場合、特に支障がなければ他の教師はそれに従って子どもをカウンセラーのもとへ送ります。子どもが授業に出席することを免除する権限が与えられている一方で、スクールカウンセラーには、子どもの学習進度を管理する義務もあります。

教科担当の教師がそれぞれ自分の「部屋（教室）」を持つように、カウンセラーはカウンセリング室を持っています。多くの場合、カウンセリング室は学校の入り口近くにあり、誰でもが近寄りやすくなっています。事務室と連動して学校の様々な業務にかかわることができるようになっている学校もあります。カウンセラーの事務室に加えて、十分な大きさのあるグループカウンセリング用の部屋や会議室が付属していることもあります。カウンセラーの事務室には心理テストや進路関連の資料、絵本やゲーム板、指人形など、様々な道具が備えられています。

・身近な人の死を経験した子どもについて、小グループのカウンセリングを行った。

小グループ（通例、五〜七人程度から成る）によるカウンセリングは、個人カウンセリングに勝るとも劣らない効果的な方法です。セッションは通常、授業時間中に設定されるので、スクールカウンセラーは、参加者の時間割の調整や授業担当の教師への連絡もします。焦点を当てる内容には様々なものがあります。

家庭との連携

・朝、各クラスの出席簿を確認し、無断欠席者の家庭に連絡した。
・遅刻回数の多い子どもとの面接を続けたが、改善がみられないので、保護者を学校に呼んで事情を説明した。

欠席や遅刻については、学校の事務員が把握して記録をとっておくことが普通ですが、スクールカウンセラーは、出席日数や遅刻回数の確認を常に行って、個々の子どもの生活を把握しています。また、このような仕事をすることで、カウンセリングの効率化をはかります。例えば個人面談の必要な子どもが、その日に出席しているかどうかは、前もって把握しています。また、遅刻や欠席についての対策を、保護者と話し合うこともスクールカウンセラーの役割です。

生活環境に関する仕事

- ・州や教育委員会で定められている決まりを保護者に説明し、違反のないように伝達した。
- ・カウンセリングを通じて親の虐待を知ったので、しかるべき機関に連絡をとった。
- ・家庭に経済的な問題があると思われる子どもがいたので、家庭状況を把握するため、スクールソーシャルワーカーに家庭訪問を依頼した。
- ・ある子どもの両親が親権を争っており、証人として出廷した。

保護者の義務違反が原因で子どもの福利の実現に支障が出るような事態を、できる限り避けるようにすることも、スクールカウンセラーの役割です。

スクールカウンセラーにも、一般のカウンセラーと同じく守秘義務があります（詳細は第3章で説明）。子どもに対する虐待を知った場合、あるいは虐待の疑いがある場合は、義務として「Child Protection Service（CPS）」と呼ばれる公的団体（日本の児童相談所のような機能を持っている）または警察署に届けなければなりません。ただし、この報告義務は、カウンセラーに限られたものではありません。

スクールカウンセラーが、自ら家庭訪問をすることは、原則としてありません。この役割はしばしば、スクールソーシャルワーカー（学校を基盤とするケースワーカー）が担当します。スクールソーシャルワーカーは通例、学校区の事務所に席を置いていますが、地域住民の特徴を知った上で、家庭内の問題や経済的な問題についての支援を行っています（日本の児童福祉司に近い役割を果たす）。スクールカウンセラーは、このような役割の人々とも普段から連絡をとっておきます。

カウンセラーには、裁判所の要請があれば、職務に関する記録を開示する義務があります。子どもの福利を考え、正確な記録を残しておくことも仕事の一つです。また、スクールカウンセラーは子どもの様々な問題にかかわっているため、親権が争われる裁判や虐待の事実関係を確かめる裁判に召喚されることも、珍しくありません。

スクールカウンセラーは、子どもたちの家庭の問題にも気を配っていますが、子ども本人の学校生活に直接の影響を与えるような問題ではない限り、保護者の問題についてのカウンセリングは通常行いません。ただし、外部のカウンセラーや施設に紹介することはあります。子どもにかかわることであれば、相談に応じたり、会議や研修会を開いたりします。

行動面に関する仕事

・授業担当の教師が、指示に従わない子どもをカウンセリング室によこしたので、その子から事情を聞いた。
・教室でケンカをした子どもが別室謹慎になっていたので、事情を聞いた。

教科担当の教師が子どもの問題行動にかかわることによって、授業の進行が阻害されると思われるような場合、教師の判断によってその子どもが副校長やカウンセラーのもとへ送られることがあります。[10] 場合によっては、その子どもは校内謹慎となり、リソースティーチャーの監督下に置かれます。また、そうした問題が起こった際には、スクールカウンセラーが事情を聞くことがあります。

米国スクールカウンセラー協会（二四頁の注4参照）による説明では、スクールカウンセラーは原則として規律の指導・しつけは行いません。規律に関する指導は、学校長または副校長が担当し、学校によっては指導の強化のため、専任の規律担当職員（discipline teacher）を置いています。しかし、現実には、スクールカウンセラーも副校長などの業務を補い、謹慎中の子どもと面談をすることがあります。日本では、担当の職員が学校長の代理として実際の規律指導を行うことが多くなっていますが、停学・退学等の申し渡しの段階では学校長が直接かかわる形になっており、規律指導担当者としての学校長の役割が保たれていることはご存知のとおりです。

10　各教室に電話を備えたり無線機を携えるなどの方法で、即座にカウンセリング室などと連絡をとることができるようにしています。

啓発・予防

・問題となっている行動がどのように引き起こされているのかを調査し、問題行動の予防プログラムを考案し、実施した。
・クラス単位のガイダンスの授業を通して、タバコの害、将来の職業選択などについての教育を受け持った。

予防的介入（prevention）は、問題が起こってからの介入よりも効率よく問題の数を減らすことができ、手遅れになりそうな問題を未然に防ぐことができるので、スクールカウンセラーの重要な仕事になっています（一四四頁のコラム参照）。通常、ある問題についての「危険要因（risk factor）」と「予防的要因（preventive factor）」を抽出したあと、危険要因を減らし予防的要因を増やすようにカウンセリング的介入を行います。例えば、午前中の授業に集中できない子どもがおり、朝食をとることができない家庭の事情がそのことに関与しているとわかった場合、学校で朝の給食を提供することにより問題を減らす工夫ができます。

問題の予防は、スクールカウンセラーの重要な役割とされるサイコエデュケーション（心理・行動面に関する教育）の主な目的となっています。警察や各種団体と協力して予防的教育を行うこともあります。

人間間の対立や葛藤に対処する方法である「コンフリクトマネジメント」、不都合な状況を切り抜けるための技術である「コーピングストラテジー」や、人間関係を円滑に保つための技術「ソーシャルスキル」についての訓練、子どもどうしの支援システム「ピアサポート」や、好ましい人格を啓蒙する「キャラクターエデュケーション」など、様々な予防・啓蒙的プログラムがあります。

「ガイダンス」は、教科以外の事柄に関する啓発や訓練を指しますが、特にクラスルーム（大グループ）・ガイダンスは、学校ならではの形態です。

安全・衛生に関する仕事

・新学期に、子どもの住所を調べてスクールバスの手配をした。
・小学校で、各路線のスクールバスごとに、子どもたちの中から監督者を選び、リーダーとしての訓練をした。

・学期の最後に、子どもの安全監督者（セイフティパトロール）を動物園に連れていった。この日、この子どもたちには一日を動物園で過ごす特権が与えられた。
・子どもが下校する際に、車で迎えに来た人が本当に保護者かどうか確認した。

走行経路に合わせて子どもたちを各スクールバスに割り当てる仕事は、主に新学期開始前の休暇中に行われます。これはスクールカウンセラーの仕事になっています。

「セイフティパトロール」は、「ピアサポート（子どもどうしの支援システム、一一一頁参照）」の一環として、子どもどうしで規律を保つことを主な目的としています。特に、スクールバス内や登下校時の安全を確保することが大きな目的です。リーダー的な役割を果たした子どもに、何らかの特権が与えられることがありますが、「セイフティパトロール」のプログラムは、「トリプル・エー」という会社（自動車運転者を対象にしたトラブル時の手助けや、旅行と保険関連のサービスを行う）によって経済的支援がなされています。

学校まで歩いて通うことができる子ども以外で、スクールバスを利用しない子は、保護者が車で送迎しています。送迎の時間は誘拐に利用されやすいため、学校では送迎に来る者を登録制にして管理していることが普通です。しばしばスクールカウンセラーがその仕事をしています。

・避難訓練を計画し、実施した。

学校には、火災や竜巻についての防災訓練が義務づけられています。災害の種類に応じた訓練をほぼ定期的に実施します。訓練は、抜き打ちで実施されることが多くなっていますが、スクールカウンセラーは他の職員と相談してその計画を立てます。スクールバスが火災になったことを想定した訓練などでは、ピアヘルパーも活用します。消防署に連絡をとるなどして、消防車に出動要請をすることもあります。警察署や消防署は、学校向けの教育プログラムを用意しています。

・子ども（小学生）の頭にシラミがいないかどうか調べた。

経費等の関係で、スクールナース（学校で働く看護師）やヘルスコーディネーター（保健教育担当者）がいない学校も多く、リソースティーチャーやスクールカウンセラーが衛生面の管理を行っていることがあります。スクールカウンセラーは、ガイダンスの時間を使い、小学生に対して歯磨きの指導を行うなどの活動も行います。学校保険のとりまとめは、事務で行います。

特別な配慮を要する子どもの支援

・学習進度が遅い者を対象とした特別クラスに出席している子どもの状況を知るために、リソースティーチャーと連絡をとった。
・学習障害の疑いのある子について、言語療法士と今後の対応について相談した。
・発達の遅れている一人の子どものために特別の時間割を作成するべく、会議を召集した。

「リソースティーチャー（resource teacher）」は、通常の授業の恩恵を受けることが少ない子どものクラスを担当したり、「スタディスキル（学習方法）」の指導を担当したりします。学校内で謹慎になっている子どもの指導をすることもあります。また、外国からの転校生や留学生といった、英語能力の低い子どもの取り出しクラスを担当していることもあります。

学校によっては、通常非常勤の、言語療法士（「Speech Therapist」または「Speech Pathologist」）を雇っています。言語能力に問題がある子どもの指導や、発音の矯正、その他言語の発達に関する訓練や指導を担当します。また、特別な配慮の必要な子どもについてのカリキュラム作成の援助や、子どもの進級に関して意見を述べることもあります。学習障害や心理的障害は言語療法士が発見することも多く、スクールカウンセラーとは常に協力関係をつくっています。言語療法に携わる専門家の活躍はヘレン・ケラーの物語にも見られ、この仕事がいかに重要視されているかがわかります。

「個別教育計画」すなわち「ＩＥＰ（Individual Education Plan）」は、子どもに個別の時間割や特別指導などの教育計画を用意することを指します。個別教育に関する会議を召集することは、スクールカウンセラーの役割です。会議にはほかに、スクールサイコロジスト、言語療法士、保護者、関係の教師などが出席します。こうした会議ではスクールサイコロジストや言語療法士など専門家の判断を仰ぎ、当該の子どものためのカリキュラムを作成します。例えば「×年度には三〇％の特別クラスと七〇％の普通クラスに出席する」というような、出席する授業についての記録を作成します。障害のある子どもは、定期的に検査を受けることが法律で定められています。

・理由もなく欠席する子どもの相談を受け持ったが、精神的な障害の疑いがあったので、精神科の医師に連絡をとった。

スクールカウンセラーは、様々な機関や専門家にいつでも連絡がとれるよう、電話番号のリストをつくるなどして準備し、外部の相談機関や医師などと連絡をとりながら問題の解決方法を探ります。

スクールカウンセラーは、精神医療の専門家ではありません。注意欠陥多動性障害（ADHD）のような障害について、診断のための検査や結果の解釈は行いません。検査は通常、スクールサイコロジストに依頼します。スクールカウンセラーは、このような障害について理解しつつ、個々の子どもについて、どのような教育がふさわしいかを決定する役割を果たします。

こうした点を見ても、アメリカでの子どもの支援は、専門家のチームで行う形になっていることがよくわかります。学校内での子どもの生活については、しばしばスクールカウンセラー主導の支援がなされますが、スクールカウンセラーの専門外の仕事については、他の専門家の意見を求めたり、治療の相談をしたりします。診断の依頼を受けた医師や専門家は、詳細な診断書と所見についての文書を作成し、スクールカウンセラーに、カウンセリング方法や支援内容についての示唆を与えます。

ちなみに、スクールカウンセラーは、薬品の助けを必要とする子どもの学校生活は支援しますが、薬品の管理はしていません。市販薬、処方薬にかかわらず、薬品を学校に備え付けておくことは、違法です。アメリカの学校では、精神的・身体的な問題により学級の活動時間中に薬品を摂取しなければならない子どもに限り、保護者の承諾のもとに事務室等で薬品を預かり、決められた時間に子どもに渡されます。

子どもの活動の奨励

・生活態度のよい子どもを選び、褒賞として、教材のコピーなど、事務室の手伝いをさせた。
・ランチルーム（食堂）での態度が良好なクラスを選び、そのクラスに特典として「自由時間」を与えた。
・他の職員と協力し、他の子どもの模範となった子を各クラスより選出して、「今月の生徒（Student of the Month）」として校内で発表し、ささやかな賞品を与えた。

子どもの活動を奨励しながら学校生活を支援することは、スクールカウンセラーの重要な役割の一つです。褒賞の一つとして与えるための教材や賞品、子ども向け生活用品を提供する企業もあります。

・行動や学習の面で努力を続けている生徒（高校生）がアルバイトを希望したので、アルバイトを斡旋した。

ボランティアやアルバイトは、「サービス・ラーニング」（仕事を体験して学習すること）につながると考えられています。奨励と経済的支援を兼ねて、生徒にアルバイトを斡旋する高校もあります。

学校行事

・学校行事として、新任の先生を励ます会を企画し、進行役を務めた。
・行事の際や感謝祭、クリスマスシーズン等に校内の飾りつけをした。

スクールワイド・プログラム（学校全体の行事、一五五頁のコラム参照）を企画したり実施したりすることで、学校全体の雰囲気をつくる仕事もします。他の職員とともに、校内の飾りつけを担当する場合もあります。

学校職員の支援・コンサルテーション

・自分の指導方法が効果的でないことを悩んでいる教師の相談にのった。
・ある教師が、一人の子どもの授業中の態度を改善させる方法について話し合いたいと申し出たので、その教師の空き時間（planning period）に面談した。
・必要に応じて、教師や保護者のための研修を受け持った。
・子どもがスクールバスの中で騒いだ場合に備えて、運転手向けの研修を行った。

子どもを間接的に支援するために、職員や保護者を援助する活動を「コンサルテーション」と呼び、スクールカウンセラーの重要な役割の一つになっています。スクールカウンセラーは、学校の組織運営についても相談を受け支援することがあります。学校職員のみならず、保護者向けの講座などを設けることもあります。

管理職業務

・学校長が不在のとき、代理として来客と面談した。
・教師の授業能力評価をし、学校長に報告した。

スクールカウンセラーの立場は、管理職に近いものです。州によっては、スクールカウンセラーの職務を、はっきりと「管理職」と位置づけています。ですから、学校長の代理を務めることもあれば、他の職員の勤務評価を担当することもあります。アメリカでは、ＰＴＡ（近年では、ＰＴＳＡと呼ばれることもある）がカリキュラムの作成にかかわることがあり、そうした内容にも、スクールカウンセラーは管理職として関与することもあります。スクールカウンセラーは、学校長がそのビジョンを実現する手助けをするのです。ただし、こうした管理職業務をスクールカウンセラーの仕事としていない地域もあります。

学校全体の財政管理や施設管理は、「学校管理（school administration）」と呼ばれる職域の一つの役割であり、主として学校長に責任があります。とは言え、地元の政府から予算を調達したり、予算の配給を受けられるようなプログラムを企画したりすることは、スクールカウンセラーも日常的に行っています。また、私企業から寄付や資金を受け取るような活動も積極的に行っています。つまり、原則として、学校自体の財政管理はしませんが、地元政府や企業からの学校に対する経済的な援助にはかかわっています。

各種会議・会合

- ・所属する学校区のスクールカウンセラー月例会議に出席した。
- ・校長、副校長等との、管理職会議に出席した。

スクールカウンセラーは、各種の会議や打ち合わせに出席し、カウンセラー間の共通理解をはかり、他の分野の職員と情報や意見を交換します。スクールカウンセラーは管理職とみなされることが多く、校内の職員会議や管理職会議に出席します。

研修の義務

・州のスクールカウンセラー協会主催の、ワークショップに参加した。
・最新の技術を習得し、自らの技術を向上させるために、地元の大学院の授業に出席した。

スクールカウンセラーは、常に新しい情報を求め、技術を向上するための研修に励むことが求められています（六六頁参照）。ケンタッキー州を例にとると、五年ごとに追加研修を受けることによって、スクールカウンセラーとしての採用を更新しなければなりません。カウンセラーの取り扱わなければならない問題は、社会状況の変化とともに変わっていくものですし、子どもの問題もその内容が変化していきますから、カウンセラーに必要な技術も変わってきます。

また、ケンタッキー州では、経験を積んだカウンセラーがさらに大学院で学ぶことにより、「ランク１」のタイトルを獲得することができるようになっており、同じスクールカウンセラーでも、経験や能力によって待遇を変えるなどして、質の向上をはかっています。

その他

・教科指導関係以外の仕事で誰にまわせばよいのかわからない仕事を、教科指導の教師がスクールカウンセラーに依頼した。スクールカウンセラーは、自分以外には適当な職員がいないので、その仕事を引き受けた。

スクールカウンセラーの仕事については様々に説明されていますが、現場での印象は、この記述に近いものと思われます。学校の中で新たな問題が持ち上がったり、今までになかった仕事ができたりし、誰がそうした問題や仕事を扱うかがはっきりしない場合、スクールカウンセラーに任されるのが現状です。米国スクールカウンセラー協会の提唱する、スクールカウンセリングの「全国標準」の理想が実現されているとは言い難い状況です。

スクールカウンセラーの仕事の現状

実際のところ、全部のカウンセラーがここに挙げた仕事のすべてをこなしているわけではありません。それぞれのカウンセラーが学校や地域の実情や、自らの能力を考えて、その場に応じて優先すべき仕事を考えながら働いています。仕事の優先順位は、はじめから固定するのではなく、あくまで子どもの状況に合わせていくのです。そして、スクールカウンセラーの仕事は、学業の支援、進路選択の支援、個人的・社会的発達支援という三つの領域について、均衡のとれた配分がなされていることが理想です。

学業は、子どもの個性の表れです。子どもによってある教科について高い能力を示す場合もあれば、低い能力を示す場合もあります。進路選択の支援は、単に一人ひとりの子どもの適性や興味を探り、ふさわしい仕事を探すという「配置（placement）」の機能を超えた、個性にかかわる教育です。アメリカの学校では、幼稚園の段階から、進路選択についてのシステム化された教育が始められます。自分の興味・関心や適性について、各発達段階に応じた教育がなされることによって、子どもは、自分の独自性を知り、自分の存在がかけがえのない（special）ものであることを知っていくのです。当然のことながら、学業も進路選択も、個人的・社会的発達と直接的な関係があります。

スクールカウンセラーの仕事は、クライアントが訪れるのをカウンセリング室で待っているだけの仕事ではありません。子どもと「積極的（proactive）」にかかわることで問題を発見し、その問題に対処することが重要な仕事であるとされています。にもかかわらず、スクールカウンセラーの中には、成績管理に仕事時間のほとんどを使ったり、進学用書類を扱う仕事をもっぱらにしたり、事務的な仕事（paper work）に時間を取られている人もいます。

こうした状況は、スクールカウンセラーが怠慢であることに原因があるとは限りません。学校の方針にスクールカウンセラーが忠実に従った結果、成績の管理が主な仕事になってしまったり、事務的な書類の作成に追われたりしていることがあるのです。大学進学者の多い高等学校のスクールカウンセラーが、生徒の推薦書の作成に勤務時間の多くを割いていたり、学力を高めることが緊急の課題になっているような中学校のスクールカウンセラーが、学力テストのとりまとめにかなりの時間をとられたりしている状況は、よく見られることです。勤務時間の八〇％を子どもの直接的な支援に使うことが理想とされる中で、そうした理想とは程遠いのが現状です。

この問題について、カウンセラーの協議会などでしばしば打開策が検討されていますが、スクールカウンセラーの仕事内容の均衡についての議論は、これからも続いていきそうです。

スクールカウンセラーは何人の子どもを受け持つか

スクールカウンセラーが非常に多くの仕事を受け持っていることに加えて、問題になっているのが、受け持つ子どもの人数が多すぎる、ということです。

米国スクールカウンセラー協会は、スクールカウンセラー一人当たりの子どもの人数が二五〇人以内であることが望ましいとしていますが、実際のところ、三〇〇人を超えることもありますし、なかには五〇〇人の子どもをかかえる学校でスクールカウンセラーが一人しか雇われていない、といった例もあります。

米国スクールカウンセラー協会の役割宣言にあるように、スクールカウンセリングは「子ども全員」にかかわりあう仕事であるべきものです。例えば、子どもの時間割は、子ども一人ひとりがカウンセラーと面談をして、じっくりと決めるのが理想的です。そうしたスクールカウンセラーの役割を考えてみると、カウンセラー一人が担当する子どもの数が数百人にも及ぶという現状には、かなり無理なところがあります。

多くの小学校がそうであるように、スクールカウンセラーが一人だけであるような学校では、その一人のカウンセラーが子ども全員を担当することになります。三学年制をとっている中学校に三人のスクールカウンセラーがいれば、学年ごとにカウンセラーが割り当てられることが多く、この場合は、子どもの学年が進むに従って、カウンセラーも持ち上がりになります。カウンセラーが二人だけの場合は、子どもの家族名（姓）の頭文字によって担当のカウンセラーが割り当てられることもあります。例えば頭文字がAからJの子はカウンセラー1に、頭文字がKからZの子はカウンセラー2に割り当てられる、ということになります。いずれの場合にも、スクールカウンセラーは子ども一人ひとりについて、入学（あるいは転入）から卒業（あるいは転出）まで担当することになります。

時に、割り当てられたカウンセラーと子どもが、「合わない」といった状況が生じ、支障が出る場合があります。このような場合には、必ずしも姓名のアルファベット順の原則に沿わずに、その子どもの担当カウンセラーが交代します。カウンセラーが学校に一人しかいない場合に子どもとの摩擦が生じた場合は、他の職員を仲介してコンサルテーションの形で支援を行うなどの工夫がなされます。

第 2 章

スクールカウンセリングの成り立ち

第 2 章ではまず、アメリカのスクールカウンセリングがどのような過程を経て今日の姿になったのかについて述べます。また、スクールカウンセラーの養成プログラムについて紹介し、さらに、アメリカのカウンセラーが身につけている、アメリカ文化の特徴について考えます。

▼カウンセリング室に積まれた学力テスト

スクールカウンセリングはどのように成立したか

どのように始まったのか

アメリカの学校の歴史はアメリカ国家の歴史よりも古く、国家にあまり統制されない教育機関としての「学校」は、そのまま今日のアメリカの学校の姿でもあります。アメリカがまだ植民地であった頃から、人々は教会などの施設を利用して学校を開きました。さらにその前には、学校に頼らない、家庭での教育があったことでしょう。

いわゆる「ホームスクール（学校以外の場所で教育を受ける形態）」は、公的な教育機関としての学校に先立つ、教育形態の原形とも言えるものです。ホームスクールは、アメリカの理想である個人の自由を実現するためには都合のよい形態であり、そこでは公《おおやけ》の制度にとらわれずに、各家庭が独自の価値観を子どもに伝えてきました。しかし、基本的に子ども一人に一人の教師が割り当てられるホームスクールは、経済的にも人的にも効率が悪いため、一人の教師が複数の子どもを教える機関として「学校」という制度が始まったと考えられます。

教師は、保護者たちが資金を出し合って雇い入れた雇用者であり、保護者は雇用主であり消費者であるのです。この発想は、歴史をさかのぼってヨーロッパにおける学校が始まった時点からあるものですし、現在のアメリカでも、基本的には変わっていません。

さて、植民地時代のアメリカでは、農業が経済の基盤でした。農業主体の社会では、子どもたちも労働力とみなされます。学校は、労働力としての子どもたちが仕事をしない農閑期の間だけ開かれる施設であり、その授業日数は、年間に一〇ないし一二週間程度でした[1]。日本の学校と比べ、アメリカの学校は長い夏休みを設けることが知られています。これは、のちに授業日数が工業化とともに次第に増えていったときに、農業生産のための長い夏季休業をとる伝統を残したことによります。近年では夏休みの本来の意味が失われたため、夏休みの長さを大幅に短縮した「イヤーラウンドスクール(year-round school)」と言われる学校も見受けられるようになりました。

勤勉さを尊ぶ宗教的価値から、アメリカ社会では一般的に、学生が夏休みの間に働くことは、どちらかというと、よいことであると考えられています。アルバイトを、どちらかというと望ましくないと見る日本の学校の考え方とは対照的です。もちろん、未成年者が社会に出て働くということには、数々のリスクが伴います。しかし、そのようなリスクは、子どもに独立心を養わせるためには必要なことである、と考えられています。人間が自立した「個人」として成長する機会を得ることは、様々なリスクを回避すること以上に大切なことであると考えられているのです。

アメリカにおけるスクールカウンセリングは、工業化とともに始まったと言われています。一九世紀末、工業化に伴う労働力を確保するため、「ボストン職業事務所（Boston Vocational Bureau）」が学生に対する進路相談を開始します。ボストン職業事務所は、適材適所の考えを骨子とするフランク・パーソンズ（Frank Parsons）の理念によって運営されました。[2] 自らの適性にかなった職業に就くことの大切さを説くパーソンズの考えは、今も進路選択の支援に生かされています。学校で進路相談が行われることにより、伝統的な教科以外の内容を扱うようになったのです。そうした活動が「カウンセリング」と呼ばれたことから、アメリカのスクールカウンセリングはパーソンズに始まると言われています。つまり「カウンセリング」とは、元来は進路相談を指していました。一方、フロイトの方法をはじめとする心理療法は、「サイコセラピー（psychotherapy）」と呼ばれていました。

折から、人間の心理的側面を査定する方法が紹介され、科学としての心理学が確立していました。性格検査や適性検査を用いた方法は、進路相談を客観的で効率のよいものにしていました。この方法は、ウィリアムスン（Edmund G. Williamson）が「特性・因子理論（trait-factor theory）」として説明したものです。

1 Mondale, S., and Patton, S. B. (2001). *School : The story of American public education*. Boston : Beacon Press.

2 Schmidt, J. J. (1999). *Counseling in schools : Essential services and comprehensive programs*, 3rd ed. Needham Heights, MA : Allyn and Bacon.

進路選択援助から総合的支援システムへの移り変わり

この頃、ミシガン州の教師ジェシー・デイビス（Jesse B. Davis）は、適性に基づいた職業選択、生活の中で起こる問題などについて考えるための教育を、英語の授業時間内に行うカリキュラムとして提案します。構成員の多くが移民であるアメリカの事情を考えても、英語教育と職業選択の間に深い関係があることが想像できます。研究や労働のための技術を習得し、安定した職業に就くためには英語能力と社会への適応力が不可欠です。ニューヨーク州ではエリ・ウィーバー（Eli Weaver）が学校内で進路指導を行っていました。大きな影響力はなかったものの、類似の先行する試みもいくつか知られています。そうした新しい教育内容についての試みが各地で行われるようになっていました。

就職のためには、英語やその他の学業が大切な要素であり、学業の成果を上げるためには精神的に安定していることが必要であることから、学業の支援・進路選択の支援・個人的および社会的問題についての支援という、現在のスクールカウンセリングに見られるような三本柱ができあがりました。アメリカのスクールカウンセリングは、その扱う範囲が広く、単に心理面の問題についての相談にとどまらず、学業の支援や進路選択の支援をカバーしていることから、「ガイダンス・プログラム」とか「ガイダンスカウンセリング」などと呼ばれてきました。

アメリカのスクールカウンセリングは、ボストン職業事務所という外部団体が学校での相談を請け負ったように、外部の専門家が学校を訪れて行うという、開かれた性格を持っていました。同じように、ニューヨーク州で始まったスクールナースの制度は、はじめは一般の看護師を学校へ派遣することから開始されました。スクールサイコロジストやスクールソーシャルワーカーは、今日でも学校に常駐しておらず、学校区からそれぞれの学校へ派遣される形態が一般的になっています。

古くは、学業の指導だけが学校の目的でしたから、一九世紀末から二〇世紀初頭にかけて、ガイダンスの名のもとに生活上の問題を扱った授業が始められたときには、教師からの反対が強かったようです。しかし、自らが教師であり学校長も務めたジェシー・デイビスの案を多くの学校が採用した時点で、スクールカウンセリングは学校内部のプログラムとして確立し、外部からの派遣要員ではない、常勤としてのスクールカウンセラーの位置づけがなされたと考えられます。

このようにして、学校内部のプログラムとして発展をし始めたスクールカウンセリングですが、アメリカが第一次世界大戦に参入すると、職業選択の理論であった「適材適所」の考え方が、軍を強化するための理論として用いられることになります。学校でも、軍の開発した適性検査が実施され、生徒を軍隊に招集し、効率よく配置するための道具として使われるようになります。今もなお、軍の開発した適性検査は、無料で実施できるために、多くの学校で使われています。[3]「適材適所」の考え方や、さらにはそうした考え方を応用するスクールカウンセリングのプログラムは、アメリカ国家にとって有益なもの、と考えられるようになったのです。

時代は進んで第二次世界大戦が終わると、アメリカは世界中で他に類をみないほどの経済的に豊かな国になっていました。社会学者ロバート・ベラー（Robert N. Bellah）らが、「功利的個人主義」から「表現的個人主義」への推移ととらえた、アメリカ社会の質的な変化です。[4] 建国期に人々が求めていたような経済的な充足よりも、それが達成された現代のアメリカ社会に住む人々は、個人的な趣味や欲求の充実を求める方向性を示しているというのです。心理的充足を求める人々の欲求に応えるべく、現代アメリカ社会では、「セラピスト」に代表される、心理職が重要な位置を占めているといいます。

3　職業選択の基礎理論として特に知られているものに、ホランド（John Holland）による性格類型や、スーパー（Donald Super）の発達段階の理論などがあります。後者は、カール・ロジャーズの自己心理学を基にしています。幼い頃にかかわりを持つ重要な人物（significant others）、特に親とのかかわりで、「人間相手の職業が向いているか」「機械を扱う職業が向いているか」がおおかた決定されるというアン・ロウ（Ann Roe）による仮説は、精神分析の立場によるものです。これは、現在日本でも使われている「文系」「理系」の分類に通じるところがあります。

4　Bellah, R. N., Madsen, R., Sullivan, W. M., Swidler, A., and Tipton, S. M. (1996). *Habits of the heart : Individualism and commitment in American life*, Updated ed. University of California Press.［ロバート・N・ベラー、リチャード・マドセン、ウィリアム・M・サリヴァン、アン・スウィドラー、スティーブン・M・ティプトン（一九九一）『心の習慣—アメリカ個人主義のゆくえ』島薗進・中村圭志訳、みすず書房］

カール・ロジャーズ以降のスクールカウンセリング

そうした中で、スクールカウンセリングの内容は、国家の経済的安定をはかるための指導に加え、子ども個人の福利や精神的な充足という面にも重きを置くようになります。言い換えると、就職や社会生活についての「指導」に加えて、精神面での安定を志向する、子どもの「支援」という考え方が生まれるのです。そうした時代の動きに呼応して、カール・ロジャーズ（Carl R. Rogers）は「来談者中心療法（または人間中心療法、Client Centered Therapy、一〇〇頁参照）」という画期的なカウンセリング技法を考案しました。ロジャーズのカウンセリング技法はアメリカ全土に広がり、スクールカウンセリングの新しい時代をもたらしたのでした。

精神科医の治療方法として始められたフロイト派やユング派などの技法は、それを習得するのに多くの時間が必要です。一方、心理学者であるロジャーズの考案した来談者中心療法は、比較的短い期間で基本的な技法を習得することができます。スクールカウンセラーが扱うのは、治療のために精神科へやってくる患者ではなく、一般的な子どもです。そうした子どもたちとのコミュニケーションの方法として、ロジャーズの技法はたいへん優れていました。学校という場所は、教師が子どもに命令や指示を与えるという、「指示」主体の指導が行われがちです。ロジャーズは、そのような学校の「文化」に対して、「非指示」によるコミュニケーションの方法を提供しました。アメリカの民主主義・個人主義にとっての理想である、「対等の人間関係」によるコミュニケーションを実現させる技法として、来談者中心療法はスクールカウンセラーの用いるべき技術として採用されていきました。

スクールカウンセリングのプログラムは、一九六〇年代に転換期を迎えます。発端は、アメリカに先駆けて旧ソビエト連邦の打ち上げた人工衛星スプートニク号でした。宇宙開発競争に先手を取られたアメリカは、学生の学力向上のため、多額の予算を学校教育に注ぎ込みます。スクールカウンセリングの仕事の中心は学業の支援と考えられるようになり、この頃から、学校にとってスクールカウンセラーの存在は不可欠なものとなります。もちろん、各学校でスクールカウンセラーを雇い入れる予算が組まれるようになりました。

連邦政府レベルで人権に関する多くの法案や条例が通過したことも、スクールカウンセリングの発展にとって追い風となります。子どもや保護者家族の人権擁護（advocacy）を目的の一つとしながら、学校は特殊教育に携わる人員を雇い入れました。人種の区別や、性別、障害のあるなしに関係なく、すべての子どもを学校というシステムの中で支援する役割が、スクールカウンセラーに求められるようになりました。いわゆる「全生徒対象（comprehensive）」の考え方です。

アメリカにおけるスクールカウンセリング制度は、おおむね以上のような発展をしてきました。もちろん、教科以外の内容についての指導や就職の支援は、古くからあるものです。しかし、そうした内容が一つのプログラムとして、公式に学校教育の一部とみなされるようになったのは、フランク・パーソンズによる職業についての相談が発端になっています。その発展は、ジグムント・フロイト（Sigmund Freud）やウィリアム・ジェイムズ（William James）に始まる現代心理学の歴史と並行しています。

スクールカウンセリングは、アメリカの価値観を反映しながら、アメリカの風土の中で必然的に発展してきたものです。いわばアメリカ文化の一つの表れ（representation）であると言うことができます。それは、「学校教育」と「心理カウンセリング」という二つの領域が何らかの作為を持って結びつけられたものではなく、「スクールカウンセリング」ははじめから「スクールカウンセリング」として発展してきたのです。

スクールカウンセラーの採用条件

採用の条件

スクールカウンセラーとして採用されるための資格や条件については、教師や他の職員についてと同様、州によって異なる規定があります。例えばケンタッキー州では、大学院の修士課程以上でスクールカウンセリングについての専門教育を受けていることが事実上の条件になっています。しかも、大学院に入学を許可されるためには、一定水準以上の学力と、以前に何らかの教育職に就いた経験のあることが条件です。

ケンタッキー州ではスクールカウンセラーについて州の公式の免許状というものはありません。しかし実際のところ、基本的には、スクールカウンセリング専攻の修士号（またはそれに匹敵する能力）と教育職の経験のない者が採用されることはなく、これが事実上の条件となっています。インディアナ州のように、教育職の経験の有無を問わない州もありますが、修士課程レベルの教育機関でスクールカウンセラーとしての訓練を受けておくことは、ほぼすべての州で共通のようです。ただし、カリフォルニア州のように、修士号を要求しない州も例外的にあります。

州によっては、採用の条件として免許状の取得を義務づけているところもあります。また、「National Certified School Counselor」や「National Certified Counselor」[5]といった、全米規模での資格というものもあり、このような資格を持っていると、就職の際や、指導的な役割をする場合に有利になります。しかし、ケンタッキー州などの場合、スクールカウンセラーになるために、このような全米規模の資格や他の特別の資格を持っている必要はありません（持っていれば優遇はされるが）。その代わりに、大学院での成績が一定水準以下の者は、スクールカウンセラー採用試験の受験資格を得ることができません。

採用試験

採用試験は通例、筆記試験と実技試験で成り立っています。筆記試験ではスクールカウンセラーとしての必要な知識や考え方などが試され、実技試験では実際のスクールカウンセラーとしての技量が問われます。例えば、保護者との面談の場面を、ロールプレイで演じるなどの課題が課せられるのです。

また、多くの受験者は、カウンセリングについてのアイデアやこれまでの実績の記録を、「ポートフォリオ」と呼ばれるファイルにして持っていき、採用のための参考資料として提示します。ポートフォリオのつくり方を含めた受験指導が、大学院の授業の中でなされることがあります。

修士課程の授業や実習の内容は、州や地域の事情によって異なります。学校教育に関する問題点やスクールカウンセラーに要求される能力は、各地域によって異なっているので、スクールカウンセラーを志望する学生は、地域の事情に合わせた学習や研修を行います。そのため、ある州でスクールカウンセリングを専攻し修士号を取得していても、それがそのまま別の州で採用条件を満たすわけではありません。通常は、ある州でスクールカウンセラーを希望する場合、その州でスクールカウンセラーとしての教育を受けることになります（隣接する州でもよい場合もある）。

5 「National Certified School Counselor（NCSC）」や「National Certified Counselor（NCC）」は、「National Board of Certified Counselors」という団体によって認定される全米規模の資格です。

スクールカウンセラーを養成する課程では何を学ぶか

スクールカウンセラーを養成する課程は、大規模な州立大学等[6]では、教育学部の「カウンセリング心理学」の学科（しばしば、「教育心理学」の学科と一緒になっています）に置かれています。また例えば小さな大学で、教育学部の下に「ガイダンスカウンセリング学科」があり、ここにスクールカウンセラーの養成課程が置かれているような場合もあります。

スクールカウンセラーを養成する課程では、おおよそ表4にあるような内容を学ぶことになっています。地域の事情や州の方針により多少の差はありますが、講座の内容や実習の時間数などは、「CACREP（Council for Accreditation of Counseling and Related Educational Programs）」という団体の基準により、ある程度全米で統一されています。

表4の講座のうち、「スクールカウンセリング実習」は、通常、他の授業の単位を取り終えてから履修します。一学期間（半年間）または年間を通して実習先の学校へ行き、それぞれの仕事（個人面談、小グループカウンセリング、ガイダンスの授業、スクールワイド・プログラム等）ごとに決めら

表4　スクールカウンセラー養成課程の講座例

講　座	内　容
スクールカウンセラーにかかわる法律や倫理規定	スクールカウンセリングにまつわる法律や判例を研究したり、倫理上の問題点などを考えたりします。
異文化間カウンセリング	自分とは異なる文化的背景を持つ生徒や、障害を持つ生徒などとの面談方法を検討したり、男性や女性に特有の問題などを考えたりします。
カウンセリング理論・カウンセリングの技法	主だったカウンセリングの理論を取り上げ、実習を交えて学習します。
スクールカウンセリング概論	スクールカウンセリングの役割やあるべき姿について学びます。また、カウンセリング室のデザインなど、実際に役立つ知識を学びます。 学生は、小学校（幼稚園を含む）・中学校・高等学校のうち、どのレベルの学校で働くのかを決めておき、それぞれのレベルに合った内容の講座を履修します。
統計学	査定を行ったり、論文を読んだりするのに必要な統計学の知識を学びます。
心理テストの理論と実際	各種検査（知能検査、性格検査、適性検査等）について学びます。
キャリア教育の実際	進路選択にかかわる理論や、職業の分類法や推薦書の書き方などを学びます。
カウンセリング演習	主として個人カウンセリングの技法を検討し、ロールプレイ、ビデオやテープなどの手段を用いてカウンセリングの演習をします。
グループプロセス	集団によるカウンセリングの方法を学びます。
コンサルテーション	保護者や教師を支援することで、間接的に生徒を支援するコンサルテーションの理論や実践についての授業です。
予防（プリベンション）	「一次予防（primary prevention）」の理論や実践法を学びます。
家族の問題	家族や集団の人間関係についての理論や、問題の取り扱い方などを学びます。
薬物に関する知識と薬物中毒者のカウンセリング	薬物使用者のカウンセリングについて学びます。タバコやアルコールの常用者についてのカウンセリングもこの分野に入ります。
遊戯療法	遊戯療法の理論と実践方法を学びます。
スクールカウンセリング実習	実際に学校でスクールカウンセラーとして働くことによって、それまでに習得した技術を試します。
選択科目	各自が必要に応じて選択します。

れた時間数の実習を行います。また、実習における問題点や反省点を他の実習生と討論したり、大学の指導員に実習内容を報告したりするため、大学での授業も行われます。

選択科目については、各学生が、将来の仕事の上で役に立ちそうなものを選んで履修します。例えば、「都市部の学校の問題について」「行動上の問題がある子どもに対する教育計画」「DSM[7]に基づく診断実習」等があります。発達心理学や行動心理学に関する科目を、どこかの段階で履修していることが求められることがあります。

課程修了の条件として、修士論文を必須とするところと、スクールカウンセリングの実習をもって修士論文に代えるところとがあり、その基準は教育機関によって異なっています。

正規の養成課程を終え、採用試験に合格しても、スクールカウンセラーは、すぐに本採用になるわけではありません。通例一ないし二年間は、メンター（mentor）のもとで見習いとしての期間（probationary period）を過ごします。メンターは原則として経験のあるスクールカウンセラーが務めますが、スクールカウンセラーが一人しか採用されていない（つまり見習い中のカウンセラー本人しかいない）学校などでは、学校長がメンターになるなどの措置がとられます。

スクールカウンセラーになることを目指してはいない教師などが、教育者としての視野を広げるために、養成講座に出席している場合もあります。大学院の講座は、教師の勤務時間以降の時間帯に設定されていることが普通です。小・中・高等学校の長期休業中には、集中講座が開かれています。ちなみに、教科担当の教師も修士号を取得することが奨励されています。大学の講座には、その地域の様々な教育関係者が出席していますから、情報交換を行ったり、親交を深めたりする場になっています。そのことが、大学の機能の一つでもあります。

スクールカウンセラーは、大学院での教育が終わって就職したあとも、州や学校区、警察署や大学の講座や各種講習会などを通じて、薬物についての知識を学んだり、精神的障害や学習障害のある子どもの教育法について講習を受けたりする、などといった研修を受けます。自発的にワークショップに参加することもあります。また、各種の会合に出席し、討論などに参加します。修士課程を修了した者が学ぶ専修課程もあり、これも州ごとに異なった名称と内容になっています。博士課程は、カウンセラーを教育する人材やリーダーを養成したり、スクールカウンセリングについての調査研究をする人材を育成したりすることを目的としています。技術や知識を得るために研修や研究会に出席することは「プロフェッショナル・ディベロプメント（professional development）」と呼ばれ、スクールカウンセラーの職業上の義務になっています。

6　高等教育機関は、カーネギー財団により、機能による分類がなされています。大規模な公立大学のような施設は通常、調査研究を主な目的としているので、「リサーチ・インスティテュート（研究施設）」と位置づけられています。

7　『DSM（Diagnostic and Statistical Manual of Mental Disorders）』は、精神障害についての診断基準をまとめたもので、「米国精神医学協会（American Psychiatric Association）」より発行されています。日本語版は、現在、『DSM-Ⅳ-TR　精神疾患の分類と診断の手引　新訂版』（髙橋三郎・大野裕・染矢俊幸訳、医学書院、二〇〇四年）が発行されています。

「カウンセリング心理学」について

スクールカウンセラーの養成課程は、「カウンセリング心理学」という学問的基盤に基づいて編成されています。理論を構築したり純粋な科学として人間の心理を追究したりする一般の「心理学」と違い、カウンセリング心理学は、経験を通して実際に役に立つ要素や技術を科学的に抽出しながら、カウンセラーが技術を身につけていくための方法を考えるという、きわめて実践的な色彩の強い学問です。大学院の「カウンセリング心理学科」では、将来、精神衛生にかかわる施設や鑑別所、刑務所などで働くカウンセラー（コミュニティーカウンセラー）や、スクールカウンセラーの養成を行っています。学生は、同じ学科にいながら、それぞれの専門に応じて異なった授業や訓練を受けています。

スクールカウンセラーに隣接する職業分野として、スクールサイコロジストがあります。スクールサイコロジストになるには博士号が必要です。スクールサイコロジストが基盤としている「学校心理学（school psychology）」は、子どもについての障害の査定や、生活や行動の心理学的な分析を行い、学校教育やカウンセリングに役立てるための学問です。スクールカウンセラーとスクールサイコロジストの仕事の内容については、重なる部分も多く、両者ともに学校という舞台でその役割を展開しています。

それに対して、「クリニカルサイコロジスト（臨床心理士）」の仕事場所として想定されるのは、その名が示すとおり、病院や医院（つまり、「クリニック」）です。スクールサイコロジストがスクールカウンセラーと同じ現場で仕事にあたっていたり、同じ一人の子どもの教育について議論したりしている場面はしばしば見られますが、臨床心理士がスクールカウンセラーと同じ現場にいることはほとんどありません。臨床心理士が子どものカウンセリングにあたる場合でも、精神医療センターやカウンセリング施設など、学校以外の場所で仕事をしています。ただし、臨床心理学とカウンセリング心理学のそれぞれに関係する方法論や技法については、内容において大差がないという調査報告もあります。

「異文化カウンセリング」の考え方について

文化に影響されないカウンセリングは存在しない

カウンセリング心理学では、「文化（culture）」という言葉を非常に広い意味で使っています。日本やアメリカ合衆国の文化、といったように、特定の国の習慣や考え方の傾向も「文化」ですし、アメリカ合衆国に住んでいるそれぞれの民族の持つ生活習慣や特有の行動傾向なども「文化」です。さらに、宗教・宗派ごとの「文化」があり、それぞれの職業に特徴的な「文化」もあります。学校の教師は教師の「文化」を持ち、スクールカウンセラーはスクールカウンセラーの「文化」を持っています。さらには、障害のある者は障害者という「文化」の中に生き、健常者には健常者の「文化」があります。また、女性は女性という「文化」を持ち、子どもは子どもの「文化」の中に生きています。突き詰めれば、個人個人が、それぞれ二つとない固有の「文化」を持っているということになります。

カウンセリングにおける人間関係、特にカウンセラーとクライアントの関係が成立するためには、常に文化の多様性を考えることが必要であると考えられます。この問題を考慮に入れたカウンセリングとその研究は、「異文化（間）カウンセリング（multicultural counseling）」と呼ばれています。

かつてのアメリカでは、学校に出席する子どもはヨーロッパ系の白人に限られていましたが、現在ではアフリカ系の子どもやヒスパニック系、さらにはアジア系の子どもも増えました。多様な子どもが学校に在籍するようになったことも、スクールカウンセラー導入の背景になっています。それぞれの子どもがそれぞれの民族的な価値観や道徳観念を持っており、さらには宗教上の考えや主張があるので、カウンセラーが自らの価値観を顧みながら、自らの文化が子どもの文化と衝突しないようなカウンセリングを行う必要があります。障害のある子どもは健常者には理解しにくい文化を持っていますし、カウンセラーが男性である場合など、女性の立場に立つことが難しいことであったりします。

「文化に影響されない（culture-free）カウンセリングは存在しない」と言われています。カウンセリング心理学自体、アメリカという風土の中で発達してきたものです。カウンセリングの様々な技法は、「主流派（中流以上の社会的階層に属するヨーロッパ系白人男性）」と呼ばれるアメリカ人社会で最もよく通用するように組み立てられているのです。エリクソン（Milton H Erickson）の「発達段階」の理論は、主流派の人によく当てはまると言われており、すべての人種に共通ではない、という批判があります。フロイトの理論は、ユダヤ人家庭に見られる幼児期の特徴的なしつけを基にしていると考えられるところから、一般的ではないとする意見もあります。「解決焦点化カウンセリング」（クライアントの過去の問題点を探るよりも、問題が解決した状態を思い浮かべることに焦点を当てるカウンセリング技法）は、幼い頃から、自分が何を欲するか、どうなりたいかをはっきり言葉にするように育てられているアメリカ人の子どもには、違和感のない方法です。

向異文化能力

文化の違いに関する問題は、様々な形で現れています。アメリカの中でも、マイノリティ（少数派）の人種に属する子どもが、白人のスクールカウンセラーに相談することをためらったり、「自分たちの文化を理解してくれるはずはない」などと考えてしまいがちであったりします。ネイティブアメリカンやアジア系の人々はカウンセリングを利用する習慣を持たなかったため、カウンセリングの恩恵を受けることが少なくなりがちです。

宗教心や道徳心の芽生えた小学生が、教会で学んだことや道徳についての考えなどをカウンセラーに語ることも少なくありません。自らの宗教的見解に反する考えを述べた教師について違和感を訴えに来る子どももいます。異文化についての問題は、人権の問題にも直接的なつながりがあります。スクールカウンセラーは、公平さを欠かないように注意する必要があります。特に公立の学校で働くスクールカウンセラーは、宗教や特定の思想に偏って活動を行うことが禁じられていますので、自分自身の持つ文化的背景や価値観を知り、その影響が子どもに及ばないようにする義務があります。文化の相違を考慮に入れた活動についての能力は、「向異文化能力（multicultural competence）」と言われ、カウンセラーに求められる大切な能力の一つと考えられています。

日本の学校で日本人のカウンセラーが日本人の子どもに面談を行っている場合など、異文化の問題を忘れてしまいがちになります。本来のカウンセリングにおける人間観は、西洋的な個人主義と自律の精神を理想としています。子どもが自ら「留年してこの学年の学習内容をきちんと理解してから次の学年に進みたい」という考えを持った場合、必ずしもその考えが好ましいものではないにしても、アメリカの学校ならば子どもの自立心を尊重して、同じ学年の学習内容を繰り返して履修する方向で話が進むかもしれません。しかし日本では、子どもによるそのような選択は弊害の多いものととらえられるかもしれません。本来のカウンセリングの理念から言えば正しいことでも、日本的な状況の中では、必ずしも受け入れられるとは限らないのです。また逆に、日本の社会的土壌でこれまでよいとされてきたことが「とらわれ」になり、融通の利かない判断をしてはいないか、ということにも注意していなければなりません。

西洋の思想や価値観を土台にしたカウンセリングの技法が日本人にまったく通用しない、ということではありません。アメリカに、自分の意思を明確にする習慣があることは確かですが、日本人が意思表示をまったくしないわけではありません。しかし、カウンセリングそのものがすでに、西洋的な生活習慣を基にして発達してきたものであることも確かです。

西洋と東洋の違いだけでなく、個人というレベルで考える場合にも、カウンセラーが自分自身の文化を知っておくことが求められます。カウンセラー自身がカウンセリングを受ける「教育分析」のねらいの一つは、カウンセラーが自分自身の価値観を知ることです。

スクールカウンセリングの中のアメリカ文化

アメリカで強調される「自由」の考えは、欧米の長い歴史と文化の中で形つくられたものです。ユダヤ教・キリスト教の社会では、奴隷制からの解放を意味する「自由」は大きな意味を持っています。アメリカの歴史の中では、奴隷制度についての問題が大きな比重を占めています。アメリカの独立は、イギリスの覇権からの自由の獲得を意味していましたし、アメリカの諸州を強大な統一体とした南北戦争（Civil War）は、奴隷制の廃止という意味合いも持っていました。

スクールカウンセリングの根底には、子どもの人権を擁護することや、希望する教育を受ける自由を保障するという目的があります。学校教育には、教師が教えたいことよりも子どもが学びたいことのほうを重視するべきであるという、「子ども中心（student-centered）」の考え方があります。カウンセリングを受ける場合も、子どもは、自由意思に基づいて自分の欲するところを表現することができる（あるいは、「してよい」）という前提があります。「和」や「遠慮」を尊んで感情や意思を抑制することをよいこととする日本的な考え方とは対照的です。

アメリカのスクールカウンセラーが行う「アサーション・トレーニング（assertion training）」は、日本では、そのままの形で用いることはできにくいと考えられています。また、一人称代名詞を主語にした文を用いて自己表現をする「Iメッセージ（I–message）」は、自分の持つ感情の主体が「自分」であることを自覚するためのカウンセリング的な方法ですが、「自分（I）」などの主語を用いなくとも正しい文構造を成す日本語の発話を用いたカウンセリングでは、その意図が不明瞭になりがちだと言う人もいます。

カウンセリングにおけるカウンセラーとクライアント（またはカウンセリー）は、ある意味で上下関係のない対等な関係にあることが見込まれています。カウンセラーとカウンセリングを受ける者とが「治療的協力関係（therapeutic alliance）」を形成することが、カウンセリングが成功するための条件であると言われています。日本的な社会背景では、こうした上下関係のない人間関係を形成することは、アメリカにおけるほど簡単ではないと思われます。特に学校という風土の中では、学校職員と子どもの間にはすでに上下関係が意識されています。クライアントがアジア人である場合、非支持的な方法よりも指示的な方法のほうが効果的である、と言われています。アジア文化の中では、カウンセラーとクライアントの間に上下関係ができ、「教える―教わる」という関係になりやすいからというのがその理由です。

「異文化カウンセリング」の示唆すること

面接・面談の場だけではなく、カウンセリングの考え方を生かした教育方法が、アメリカ的なものなので、そのままの形では日本では実践できないということもあります。カール・ロジャーズの方法論を基礎にしてトマス・ゴードン（Thomas Gordon）が体系化した教師のためのコミュニケーション技術（Teacher Effectiveness Training、TET）は、アメリカでは多くの教師に賛同を得て実際にその方法が実践されています。その著書でゴードンは[7]、卒業アルバムを編集するため授業に遅れて来る子どもに対処する方法として、教師がこの子どもとの交渉を成立させる解決例を挙げています。教師は、子どもの遅刻を認める（教師が子どもの言い分を受け入れる）と同時に、子どもは聞きのがした教師の指示を録音したテープを聞く（子どもが教師の要求を満たす）ことにします。このようにすることで、教師が権威を振りかざすことなく、教師・子ども双方の目的が完遂される、というのです。

日本的な状況では、この子どもについての問題は、その理由がどうであれ、「遅刻する」ということにあるというふうに解釈されることと思われます。遅刻の理由は、「言い訳」として否定的にとらえられる傾向があり、この子に遅刻を許すことは、日本における理想的な解決法とは異なります。[8] このとおりの方法を、いきなり日本で試みることは、文化の違いについての配慮を欠くことになります。日本でゴードンの方法を生かすためには、この「遅刻」のような例は一つのアメリカ的な例としてとらえ、基本的な考え方だけを採用してそれを活用する工夫が必要です。

アメリカ的民主主義の社会では、様々な場面で、当事者が率直に意見を出し合って話し合いが進められます。ガイダンスの授業でも、子どもたちが話し合って到達した結論を重んじるため、スクールカウンセラーは正解を「教える」ことを控えます。欧米の社会は、エドワード・ホール（Edward T. Hall）の言う「低コンテクスト依存の（周囲の状況に左右されずに契約を守る）」社会であるため、子どもは、いったん有効となった規則を重視する、という背景があります。規則が子ども自身の自由意思によってつくられたものであれば、なおさらです。規則や契約を詳細に記述せず、その都度場面によって柔軟に対応することが当然とされている「高コンテクスト依存の」日本的状況の中では、規則を決めることの意味を浸透させるには、アメリカにおけるより以上の工夫がいると考えられます。

異文化カウンセリングの研究では、「低コンテクスト—高コンテクスト」の別のような、異なる文化を理解するための論理的モデルが模索されると同時に、様々な文化に属するクライアントの特徴をつかむ努力がなされています。

例えば、異文化カウンセリングのテキストにはよく、「アジア人のクライアントはカウンセラーと目を合わせないが、それは必ずしもカウンセラーを嫌っているというメッセージではない」といったような記述があります。このような記述は、カウンセラーの経験と観察に基づいており、「エティックな（etic）見方」[9]による、現象を第三者的に記述する方法に拠っています。そのような見方は、客観的ではありますが、具体的に目に見えたり感じられたりしたことだけを記述するために、網羅的でないことがあります。場合によっては、「カウンセラーと目を合わせないアジア人」を一般化してしまい、カウンセラーと目を合わせて話をするアジア人のクライアントを「どこかおかしい」と決めつけてしまうことにもなりかねません。

　ある行動や価値観について、カウンセリングで役に立つような情報を得るには、「イーミックな（emic）見方」も必要です。「イーミックな見方」は、ある文化体系の中側で、その行動や価値がどのような働きを持っているかという観点を指しています。アジア人は、「他人と対峙するときの決まりの悪さをごまかすために」、また「攻撃的な感じを与えて失礼にならないように」目を合わせないことがある反面、特に訴えたいことがある場合や強く印象づけたい場合に、目を合わせることもあるのです。目を合わせるか合わせないか、という行動について、その文化体系の中での働きを知っておくことが、カウンセラーにとっては必要です。様々な心理的問題をかかえながら専門家の助けを求めないネイティブアメリカンの状況を改善するために、ソーシャルワーカーがその居住区でともに暮らすことによって援助に成功した例もあるように、その文化の中に入り込んで「イーミックな」理解をすることが、カウンセリングに求められています。

7　Gordon, T. (1975). *Teacher effectiveness training*. New York : Crown.［トマス・ゴードン（一九八五）。『教師学—効果的な教師＝生徒関係の確立』奥沢良雄・市川千秋・近藤千恵訳、小学館］

8　アメリカ的な状況では、遅刻した子どもはその理由を説明し、その理由が正当なものであることを主張するか、今後の対応策・改善策を申し出るのが一般的です。

9　「エティック」「イーミック」の概念は言語学者ケネス・パイク（Kenneth L. Pike）によって提唱され、文化人類学や社会学にも取り入れられています。

コラム　アメリカの学校教育にかかわるいくつかの話題　1

タイトルI・プログラム（Title I Program）

アメリカでは、都市部（urban area）やダウンタウンといった特定の地域で、経済的な事情が生徒指導上の問題と関連している場合があります。昼食の費用が全額免除あるいは減額されている子どもの在籍が一定の数を超えると、その学校が「タイトルI」の指定を受け、経済的援助を受けることができます。「No Child Left Behind 構想」の一環として、国家レベルで予算が組まれています。

アチーブメント・ギャップ（ahievement gap）

人種による学力差のことです。アメリカでは、人種による学力の違いを埋めるための様々な努力がなされてきましたが、思わしい成果を上げていないのが現状です。アチーブメント・ギャップは、貧困などの社会的・経済的地位（socio-economic status）が原因と考えられてきましたが、西洋で発達した学問を西洋的なやり方で教えることに無理があるのではないか、という見方もあります。西洋という異文化の中で発達した学問を教えている日本の学校教育にとっても、その研究は参考になるものと思われます。

第3章

問題領域と、よく使われる技法

第3章では、スクールカウンセラーが扱う問題の種類を説明し、そうした問題にどのような方法で対処していくのかを述べています。日本で問題になっている、いじめや不登校についての、アメリカでの状況についても言及します。

▼小学校の廊下のディスプレイ

スクールカウンセラーが直面する問題

アメリカでスクールカウンセリングが重要視される背景には、学校で起こる問題の大きさがあります。もちろん問題の多い学校ばかりがあるわけではありませんが、銃の問題を含む暴力の問題や、薬物の売買や使用の問題は、重大です。こうした問題に対処するため、学校によっては、食堂を専門に警備する人員を雇っていたり、警察官に巡視を依頼したりするところもあります。登下校の時間以外は、外部からの侵入者を防ぐために、学校の出入り口に鍵がかかっていることは、アメリカでは普通に見られる状況です。

また、トイレには普段は鍵をかけておき、子どもが授業中に許可を得てトイレを使用する（休み時間にトイレは使用できない）というような方法をとって、密室での薬物の使用や子どもどうしでの暴力を防いでいるような状況も見られます。自習時間や昼食の時間に、見張りの職員がつかずに子どもが放置されているような光景は、アメリカの学校ではあまり見られません。職員は、学校内の危険について常に神経を尖らせているというのが実情です。

このような状況が背景にあるため、職員は、子どもの言葉遣いや態度について敏感です。子どもが、「好ましくない俗語（cuss words）」や「ののしり（name calling）」を使って、その場で停学になることもしばしばです。映画の真似をして銃を撃つジェスチャーをした小学生が、通りかかった教師に注意されているというような光景は、よく見られることです。アメリカにおける清教徒的キリスト教の伝統は、道徳の問題に関して厳しい態度をとります。子どもの問題行動については厳しい対処をしなければならないと考えられており、いわゆる「酌量なしの方針（zero tolerance policy）」は、学校にも広がっています。通常の授業に出席することを禁止される停学（suspension）や謹慎（detention）による懲戒や保護者の呼び出しは、容赦なく行われます。アメリカにおいては、懲戒が恥の感情と結びつく度合いが、日本ほどには強くないようです。

アメリカにおける「いじめ」について

日本の学校で特に問題とされている「いじめ」や「不登校（明確な理由のない欠席）」にも、アメリカ独自の特徴があります。

アメリカにおける「いじめ」は、身体的・言語的な「暴力」ととらえられてきました。かつて「いじめる」側にあった子どもが「いじめられる」側に入れ替わるというような現象はほとんど見られず、「いじめ」はあからさまな身体的暴力や言葉による暴力として表現されることが多くなっています。

また、日本での状況に似たものですが、「うわさ話」や「無視」による「いじめ」は、「**人間関係的**

攻撃（relational aggression）」と呼ばれ、他の種類のいじめとは一線を画しています。スクールカウンセラーは、いじめについて見て見ぬ振りをする傍観者もいじめについての加担者であるという認識を子どもに持たせ、「怒り」をコントロールすることや、アサーション（自己主張）の能力を高めることなどにより、いじめを阻止したり防止したりする介入を行っています。いじめの防止には、子どもだけでなく職員や保護者にも参加してもらうプログラムがよいと言われています。

いじめに関する対策の一つとして、ある中学校で用いられている「**いじめの目撃報告書（いじめ報告書）**」の例を挙げます（資料1）。カウンセリング室の前には投函箱が設置され、カウンセリングの申し込みや各種の連絡に使われていますが、報告書は、この投函箱に、他の人に見られずに投函できるようになっています。

「不登校」に相当する子どもについて

日本と同様に、「義務教育」は、子どもが一定の年齢に達するまで、保護者がその子どもの福利のために適切な教育を受けさせなければならないという義務を指します。したがって、義務教育を受けるべき子ども（ケンタッキー州では一六歳まで）が健康などの明確な理由もなく、規定の日数以上の欠席をした場合は、保護者の責任が問われます。いわゆる「不登校」については、保護者の教育義務違反と考えられるのです（通常はネグレクトとみなされる）。時に裁判所から、今後の対処方法についての指示が出されます。裁判所の命令によって、子どもが精神科医やカウンセリングセンターへ送

資料1 いじめ報告書

職員使用欄

チャールズタウン中学校
いじめ報告書

チャールズタウン中学校の職員は、生徒や大人のために、安全な環境を提供することを心がけています。どんな種類であれ、「いじめ」も「いやがらせ（ハラスメント）」も、許されるものではありません。この「いじめ報告書」に記入することで、あなたは、そのような暴力的行為に終止符を打つ責任を果たすことになります。ただし、いたずら目的の報告をした場合は、停学や退学を含む何らかの処分の対象となることがあります。

できるだけ詳しい報告になるように注意しながら、次の情報欄に記入して下さい。

1．今日の日付 ＿＿＿＿＿＿＿ 種類：＿＿＿＿ セクシュアル・ハラスメント
＿＿＿＿ いじめ ／ おどし・恐喝
2．あなたの名前 ＿＿＿＿＿＿＿＿＿＿＿＿＿＿ 学年 ＿＿＿＿＿
3．いじめた人の名前（何人でも） ＿＿＿＿＿＿＿＿＿＿＿＿＿＿
＿＿＿＿＿＿＿＿＿＿＿＿＿＿＿＿＿＿＿＿＿＿＿＿＿＿＿
4．いじめられた人の名前（何人でも） ＿＿＿＿＿＿＿＿＿＿＿＿
＿＿＿＿＿＿＿＿＿＿＿＿＿＿＿＿＿＿＿＿＿＿＿＿＿＿＿
5．いじめのあった日付 ＿＿＿＿＿＿＿＿＿＿＿＿＿＿＿＿＿＿
6．いじめのあった場所 ＿＿＿＿＿＿＿＿＿＿＿＿＿＿＿＿＿＿
7．いじめの詳しい内容 ＿＿＿＿＿＿＿＿＿＿＿＿＿＿＿＿＿＿
＿＿＿＿＿＿＿＿＿＿＿＿＿＿＿＿＿＿＿＿＿＿＿＿＿＿＿
＿＿＿＿＿＿＿＿＿＿＿＿＿＿＿＿＿＿＿＿＿＿＿＿＿＿＿
＿＿＿＿＿＿＿＿＿＿＿＿＿＿＿＿＿＿＿＿＿＿＿＿＿＿＿
＿＿＿＿＿＿＿＿＿＿＿＿＿＿＿＿＿＿＿＿＿＿＿＿＿＿＿
（裏面を使ってもかまいません）
8．その場にいた人たち ＿＿＿＿＿＿＿＿＿＿＿＿＿＿＿＿＿＿
＿＿＿＿＿＿＿＿＿＿＿＿＿＿＿＿＿＿＿＿＿＿＿＿＿＿＿

時間をとって記入していただいたことに感謝します。
この件については、すみやかに対処します。

著作者：Charlestown Middle School & Greater Clark County Schools, Indiana, U.S.A.
For additional information, see GCCS policy #5144.2. ［日本語訳：高原晋一］

られることもあります。

アメリカには、日本で使われているような「不登校」にあたる表現はなく、「不安症（anxiety）」「恐怖症（phobia）」「躁鬱病（bipolar disorder）」「転校・進学などの移行時期（transitional period）の問題」などとして子どもの状況を把握します。筆者が滞在していた地域では、いわゆる不登校とみなされる事例は、幼稚園や小学校低学年の子どもに多く、「分離不安（separation anxiety）」の兆候を示す例が普通でした。

多くのスクールカウンセラーは、認知行動療法か類似の方法を用いて徹底的に問題を解決することを試み、いったん解決した後は再発を防ぐ手段を考えるというやり方を用いています。カウンセリング施設や代替学校（alternate school）に子どもを移すなどの措置がとられることもあります。非行や怠学による欠席が多い子どもについても、同じような措置がとられます。

学校制度に頼らない教育のあり方は、ジョン・ホルト（John Holt）らによって論じられてきましたが、七〇年代以降、アーミッシュ（キリスト教メノナイト派の団体）が、正規の学校以外の場所で子どもを教育する権利を手に入れた判例をきっかけとして、「**ホームスクール**」と呼ばれる、学校以外での教育例が増加しています。現在アメリカでは、「義務教育」は、「必ずしも学校教育を意味しない」とされています。「ホームスクール」という表現を使わず、「家庭を基盤とする教育（home-based education）」「非登校教育（unschooling）」「脱学校教育（deschooling）」等の表現が使われることもあります（本書では、言いならわされてきた「ホームスクール」という表現に統一します）。

ホームスクーラー（ホームスクールの形態で勉学する子ども）は、集団で活動する機会もあるので、必ずしも社会性において劣っていたり友達がいなかったりするというわけではないようです。

教会が社交の場になっていることもあれば、ホームスクーラーのためのキャンプといったような行事もあります。ホームスクール専門の教師として働いている人もいます。

ホームスクールによる教育を受けた後に、正規の学校に入りたい場合は、それまでに習得した学習内容を何らかの形で証明して、教育委員会の許可を得ます。高等学校の学習内容を習得しているかどうかを検定する試験として「ＧＥＤ（General Educational Development）テスト」というものがあり、これに合格すれば大学を受験することもできます。

一方で、シュタイナー教育の理念に基づく特有のカリキュラムと教育内容を持つ「ウォルドーフ・スクール（Waldorf School）」なども正規に「学校」として認められています。また、公立学校の教育方針がその子どもに合わないと判断された場合に、授業料を免除することによって私立学校に通えるようにする「**バウチャー（voucher）制度**」も、いくつかの州にあります。このように教育についての選択肢を多様にすることが、アメリカにおいては、「不登校」対策の一つと見なすことができます。

アメリカの子どもは、就学前から、友達の家へ泊まりに行く、「泊まり（sleepover）」の習慣を持っています。信頼できる親どうしが手を組み、互いの子どもの家へ外泊させるのです。その中で子どもは、親の保護をあまり受けずに友達どうしで時間を過ごし、人間関係を良好に保つ方法を学んでいくのです。アメリカの家庭では、よく知られているように、折あるごとにパーティーを開いて人を招きます。子どもにとって誕生日会は、同じくらいの年齢の子どもたちが招かれる楽しい集まりとして認識されています。こうした生活習慣は、人間関係からくる恐怖心を子どもから取り除くのに役立っており、不登校やいじめの問題についての自然な予防策となっているように思われます。

その他の問題

スクールカウンセラーは、無断欠席や怠学といった生活上の問題や、暴力や薬物などの問題に、日日遭遇します。親の離婚に伴う問題や、虐待など、家庭における問題も扱わなければなりません。宗教的な理由により妊娠中絶の割合が少ないアメリカでは、子どもの妊娠についてのケアも必要です。また、注意欠陥多動性障害（Attention–Deficit Hyperactivity Disorder）や反抗挑戦性障害（Oppositional Defiant Disorder）、行為障害（Conduct Disorder）など行動に関する障害のある子どももいますし、躁鬱などといった気分に関する障害や、境界例などの人格障害のある子どもにも対応しています。身体障害や学習障害、また、軽度のダウン症などの子どもも通常の学校に出席しています。

通常の授業からでは教育上の効果が期待できない子どものために、「**例外的な子どもの教育**（**Exceptional Child Education**）」のプログラムが用意されています。公立学校では、障害の種類ごとに異なる免許を持つ特殊教育専門の教師が働いていますが、そうした子どもについての生活上のケアを行うことも、スクールカウンセラーの仕事の一つになっています。なかには、通常よりも優れた能力を持つ子どももおり、このような子ども（gifted student と称される）についても、その発達に応じた教育を受けることができるよう、許容される範囲内で最大の努力を払うことになっています。ＡＤＨＤや学習障害などのある子どもが、同時に「gifted」である場合もあります。

いわゆる「**特別な配慮**（special attention）**を要する子ども**」は、地域のカウンセリングセンターなどの施設を利用している場合もあります。そのような子どもも、可能な限り学校に出席していますから、安定した学校生活を送ることができるように支援することが必要です。

コラム　アメリカの学校教育にかかわるいくつかの話題　2

ESS（Extended School Service）

保護者が家庭で子どもの面倒を見られない時間帯（通常は放課後）に、学校などの施設を利用して子どもを預かっておく有料のサービスで、地元のYMCAなどが行っています。

補助教員（teacher aid）

正規の教師の指示のもとに働きます。学校を休む教員の代わりを臨時的に行う代用教員（substitute teacher）とは別の役職です。通例、地元のコミュニティ・カレッジなどで訓練を受けています。特に幼稚園や小学校の低学年のクラスでは、必要とされる人員です。

キャンプカウンセラー（camp counselor）

アメリカでは、長い休暇を利用して、学齢期の子ども向けの様々な活動が行われます。参加者は、スポーツや文化活動、教科学習などを通して、集団での活動を体験します。アウトドアに限らず、そうした集団での様々な活動をキャンプと呼び、そこでの世話役を「キャンプカウンセラー」と呼びます。教師や教師志望の学生などが、経験や実益のためにキャンプカウンセラーとして働いていることがあります（教師に職務専念義務はありません）。

スクールカウンセラーはどのような技法を使うのか

例えば、ある子どもが小テストで思うような点数を取れずに授業中に癇癪を起こしたとします。教科担当の教師は、その子どもを即座にカウンセリング室に送るかもしれません。カウンセラーが、子どもの感情を鎮めて授業に戻れるようなケアをしてくれることを期待しているのです。

スクールカウンセリングの場面では、子どもが前触れもなく送られてきたり、予約もなくカウンセリング室を訪れたりすることが頻繁にあります。緊急を要する子どもの問題について、素早い対応が求められることは日常茶飯事です。そのような場合には、もちろん、気長に構えて子どもの話を聞くよりも、危機介入の方法が優れています。

スクールカウンセラーは、多くの場合、折衷的に技法を使います。それぞれのカウンセラーが、使用可能な技法を、状況によって選んだり組み合わせたりして使っています。

行動療法・認知行動療法

日々の学校の活動の中で最も求められるのは、行動療法（Behavior Therapy）的な対応です。

「居眠りをして授業に参加していない」
「隣の席の子と言い争いをしている」
「家に帰りたくて泣いている」
「授業中一度も手を挙げない」
「宿題をやってこない」
「遅刻が多い」
「転校してきたばかりで、一緒に勉強する友達がいない」
「自己主張できずにいじめられている」
「食堂でケンカをしている」

等々の問題は、行動上の問題ととらえ、「授業に参加する」「友人関係をよくするための技術を身につける」「生活の自己管理をする」「適切な自己主張をする」などの行動を強化したり、危機介入の対処をしたりすることが一般的です。

加えて、認知的な側面に注意を払うことも重要であると考えられています。自分の持つ何らかの障害のために卑屈になっていたり、両親が離婚して悲観的になったりしている子どもに対して、障害や離婚についての考え方を変える目的のカウンセリングを行うことがしばしばあります。自分の感情を適切にコントロールするための「**アンガーマネジメント**（anger management）」、などのカウンセリング・セッションでは、「怒りの感情自体が悪いというわけではなく（怒りの感情は、生物が生きていくために備わっている）、それをどうコントロールするかが重要である」といった、「考え方」を学ぶことも目標の一つになります。こうしたことから、スクールカウンセリングでは**認知行動療法**（Cognitive Behavior Therapy）に頼ることも多くなっています。

現実療法（選択理論）

教科担当の教師や管理職にも人気のある「**選択理論**（choice theory）」は、見方によれば認知行動療法の理論と似ています。この理論の考案者であるウィリアム・グラッサー（William Glasser）は、職員による生徒支援体制や生徒の行動を含む学校環境を改良するために、「**クオリティ・スクール**（quality school）」のプログラムを提案しています。このプログラムは、教師の命令が主体になりがちであった学校教育を、生徒の主体性に根ざす方法に転換するところに特徴があります。一方的な教師の命令によるよりも、生徒が自分で納得して主体的に活動するほうが教育の成果が上がるという考えに基づいて組み立てられています。

子どもの興味を無視して学習を強要したり、無理に行動をコントロールしようとしたりする方法では、子どもとの関係を悪化させる結果になり、教育上の好ましい結果を得ることができません。クオリティ・スクールのプログラムでは、子どもが何をしたいか、どのようになりたいか、という目標を子ども自身が設定するように援助しながら、本来子どもに備わっている、成長したい、という意欲を引き出していくという考えを根底に置きます。

学校へのプログラムの導入は、スクールカウンセラーや他の職員が、研修を受けることから始まります。子どもの行動を、「何をしているのか？」という発問により明確化し、問題行動があれば現実的で客観的な解決策を見出す援助をします。子どもは自分がどうするかを「選択」する自由を持ちますが、自分の行動の生み出す結果については自分に責任があるという自覚を持たなければなりません。

ただし、子どもに自由を与えることを逡巡する教師も少なくありません。自由を与えすぎると学校の秩序を保つことができない、と考えるからです。クオリティ・スクールのプログラムでは、様々な行動について子どもに選択の自由が与えられますが、社会生活を送るうえでの基本的な規則（ground rules）を破ることは許されません。このプログラムは、アメリカ社会が理想とする民主主義とリーダーシップに基づいた教育方法であるばかりでなく、伝統的な教育観にも沿う工夫がされていますので、教育者の間で人気のあるプログラムになっています。

「クオリティ・スクール」のプログラムに見られるように、学校においては、カウンセリングの技法は個人との面接に使われるだけでなく、組織全体に介入する際にも理論的な枠組みとして用いられます。スクールカウンセリングは学校という施設全体を巻き込むプログラムであり、また、言い方を換えれば、スクールカウンセリングは学校という機関が活動を行うための基本原理の部分でもあるのです。

アドラー療法

グラッサーの理論と並んで学校現場で人気のあるものに、**アドラー心理学**があります。アルフレッド・アドラー（Alfred Adler）の理論は、それ自体は比較的古いものですが、ルドルフ・ドライカーズ（Rudolf Dreikurs）によってアメリカで紹介され、学校教育において有効な理論として発展してきました。

学校においては、学業や生活態度についての「競争原理」が支配的になりがちですが、常に他人よりも優れていたいという考えや態度は、人間関係に摩擦を生じさせることになりかねません。自分の利益を優先すれば他人が不利益を被らなければならないという力関係は、折あるごとに勝者と敗者をつくり出し、勝者は勝ち続けなければならない不安を持ち、敗者は劣等感のために本来持っている能力を発揮することができなくなります。このような力関係をなくし、子どもが平等に福利を達成できるような環境を学校の中につくり出すことが、アドラー心理学を応用した教育の主なねらいとなります。

他人と自分を不必要に比較することなく、独立した「個」を確立するという考えは、アメリカの個人主義の理想と一致しています。人間どうしの力関係を分析することによって子どもを理解しようとする方法も、学校関係者に好まれています。

行動主義的な対応について

親が添い寝をする期間は、アメリカ人の場合は日本人と比べて非常に短いと言われています[1]。アメリカでは、子どもは幼少の頃から個室で暮らすことが普通で、早くから「プライバシー」の概念を習得します。言い換えれば、自立と個人主義の考えが、きわめて早い時期に形成されるのです。自由な意思によって動くことができるために実現する「自立（autonomy）」は、下等生物には備わっていない特徴であり、それは人間において特に顕著に具現しています。欧米の文化では、自由意思は人間の尊厳であるとされています。自由な意思を持って神を信じることを「選ぶ」ことが、キリスト教で言う救済なのです。

人間は自由であるために、それぞれが個別の考えを持つことができるし、異なる行動をとることもできます。人間の行動は環境によって規定されるという「社会的学習理論（social learning theory）」の立場をとるアルバート・バンデュラ（Albert Bandura）でさえも、環境から独立した自由意思の作用を認めています。

個人主義の社会では、個性を表現することが尊重されます。個人の問題について、聖職者に懺悔《ざんげ》をしたり、カウンセラーに言語を通して表現したりすることは、日常的な活動なのです。芸術や運動、遊びを通して自己表現をすることは、それ自体が個性の表現であり、心理的な充足につながります。言語を媒介にしたトークセラピー（talk therapy）にしても、芸術療法や遊戯療法にしても、自己表現に主眼が置かれています。心理療法やカウンセリングで、自我の強さということが言われるのは、「個人」に焦点があるからです。

個の発想は、責任の所在を明らかにする発想でもあります。教師が職責を果たしている限り、子どもの持っている問題の責任は、その子どもにあります。子どもには、自分の持っている問題について、自らカウンセラーなどの専門家のところへ赴くなどして解決することが求められます。

この場合の「個」は、必ずしも「全体」と相反する概念ではありません。個人の能力が最大限に発揮されれば、それにつれて全体の能力も最大になる、という発想に基づいているものです。

できるだけ多くの個人が最大限の幸福を実現できるような社会を理想とする「功利主義」（David Hume が提唱）の考え方は、ジョン・デューイ（John Dewey）らによってアメリカの教育に取り入れられています。しかも、「個性」の発想から見れば、ある人の幸福が他の人にとっての幸福とは限りません。一人ひとり異なる幸福を実現することが、カウンセリングの目的です。日本語の「公平」はみんなに同じように、という意味ですが、英語の「フェア（fair）」には、その人固有の能力や仕事を認めて評価する、という意味合いがあります。

学校では、教科担当の教師が教科学習に関して同程度の発達段階にいる子どもを集めて授業を行うわけですが、その場合にも、個別学習の時間を設けることや、一人ひとりの子どもに異なった宿題を出すなどの手段で、個性についての配慮をしています。子どもは、教室内での個別学習に慣れており、例えば、早く課題を終えた生徒が教室内のコンピュータで調べ物をしていても、他の子どもがそれをのぞき込んだり邪魔をしたりすることは、比較的少なくなっています。こうした雰囲気の中では、一人の子どもがカウンセリング室に呼び出されても、他の子どもが詮索したりからかったりする例は、さほど多くは見られません。個人主義の考えを基礎に置く社会では、プライバシーを尊重することは当たり前のことになっています。

アメリカで行動主義の考えが広まっているのも、自由と個性を尊重することと関連しています。個人の自由は、基本的に「他人の幸福と抵触しない範囲内で」成立します。言い換えると、「暴力」「窃盗」「剽窃」「騒音」「嫌がらせ」「悪い噂の流布」などの行為によって他人の幸福を脅かさない限り、他人も自分も自由であると考えます。個人の福利は、行為を管理することによって、ある程度守られるのがアメリカの社会です。日本の近所づきあいに見られるような、暗黙の了解や常識によって定められているルールは、皆無ではありませんが比較的少ないものです。言語による自己主張を額面どおりに理解することで、ある程度までは気分を害することなく問題を解決することができます。何をしたいか、してほしいか、ということをはっきりさせることによって、目的が明確になり、それに従って行動すればよいということになります。

行動主義的なアプローチは、具体的な行動の変容をねらいとするので、明確な目標を立てることが容易です。クライアントの行動の変化は、目に見える形で現れるので、客観的に測ることができます。カウンセリング全体の目標は、大局的な「長期目標（long-term goals）」として設定され、それが、一定期間ごとの「短期目標（short-term goals）」の積み重ねとして実現されるように、個々のカウンセリング・セッションが進められます。後に述べる「アカウンタビリティ」の点でも、目標が明確にできることは、学校教育では都合のよいものです。

1　Johnson, F. A. (1993). *Dependency and Japanese socialization : Psychoanalytic and anthropological investigations into amae*. New York : New York University Press.［F・A・ジョンソン（一九九七）。『「甘え」と依存—精神分析学的・人類学的研究』江口重幸・五木田紳訳、弘文堂］

しつけと行動主義

アメリカにおける子どものしつけは、行動主義的なものです。ある行動は、それによって当然発生する結果によって報いられるという「当然の結末（natural consequence）」を子どもが学ぶことが理想であるとされています。よい行為は、それに値する自分の利益という形で報いられるという「しつけ」が、子どもの教育の中心的課題となります。自分の行動は、それに応じた結果となって自分に返ってくるという感覚を養うことで、責任についての認識が生まれます。

「ソーシャルスキルの訓練」は、ある行動をとるとどのような結果が得られるかという、因果関係を学習することです。カウンセリング・セッションにおいても授業においても、「**トークンエコノ**

ミー（token economy）」（賞品による行動強化）の発想と方法が用いられます。集中力のない子どもには頻繁にトークン（ポーカーチップや星印など）を与えるなど、工夫がなされています。集めたトークンの数により、遊び時間などの特典が与えられることもあります。

教室内での好ましくない行動については、「**タイムアウト（time out）**」（通常の活動に参加する権利を奪われること）などを用いて、望ましくないとされる行動の頻度を減らす試みがなされます。

家庭では、「門限（curfew）」などの規則が設けられ、規則違反に対しては「外出禁止（grounded）」やテレビやゲームなどを楽しむ特権が奪われる罰則があります。門限を過ぎた時間に味わった楽しみを、外出禁止の罰則に従うことで返済するという、合理的な解決をしているわけです。このような方法は、子どもの人格を否定するのではなく、好ましくない行為のみを取り上げて解決するという意味を持っています。

特定の子どもを、問題が多いとして過度に注目したり、そのような子を手なずけて問題行動の頻度を少なくしようとしたりする方策は、子どもの問題行動に対して、教師の注目という「ご褒美」を与えているという理屈になり、好ましいことではないと考えられます。

ちなみに、クリスマスプレゼントの重要な点は、それが「よい子」に与えられるというところにあります。よい行いに対して与えられる特典が、プレゼントです。賞品による行動強化は、それだけでは、いかにも物質主義的のように見えます。単なる物質主義に陥らないよう、賞品という物質に「意味」を与えることが肝要です。トークンエコノミーにおける「トークン」は、教師やカウンセラーからの「賞賛、容認」という意味を持ちます。与える者には与える喜びがあり、与えられる者は「幸せな気持ち」と感謝の気持ちを味わうことができます。クリスマスに、「よくない（naughty）」子どもにプレゼントというご褒美が与えられないのは、「当然の結末」であり、そのような子どもを、「かわいそう」だと感じるのは、アメリカ的な発想では不自然な感情だということになります。

発達段階にふさわしい理解力を持たない子どもを、年齢だけを基準にして進級させることは、その子どもの福利に結びつかないこととして避けるのが、アメリカ的な考え方です。学力が伴わないにもかかわらず次の学年に進級させるという「ご褒美」を与えることは、当然の結末という論理に合わず、結果的にその子を不幸にすることであると考えます。

したがって、小学校の段階でも、同じ学年の課程を二度以上繰り返して履修することは珍しくありません。大学へ進級する際に、自分の学力にふさわしくない学校へ入れば、無理な努力を強いられたり、ドロップアウトの可能性が増したりします。つまり、高い学力が要求される大学へ進学することが、子どもの学力を伸ばすことにつながるとは限りません。だからと言って、低い学力や努力をしないことが奨励されているわけではありません。進度に合わせて上級学年の数学の授業を受けることなどは、比較的容易に許可されます。

個性に応じた進路を選び、単一の基準では測ることのできない能力に合った教育を受ける支援をすることが学校教育の理想です。

行動とその結末の因果関係を強調する行動主義は、目に見える世界を客観的に説明しようとする点で、物質主義と関連させてイメージされることがあります。物質を精神と分けて考える欧米の伝統の中では、行動主義はどうしても、精神面をないがしろにした考えであるように見えます。そうしたことの反省からか、近年では、「スピリチュアリティ」ということがよく言われています。スピリチュアリティは、「精神性」であると同時に多分に宗教的でもあります。スピリチュアリティを考える上で、ネイティブアメリカンの儀式や東洋的なものなども注目され始めていますが、もともとキリスト教には「癒し（healing）」の概念があり、また、「**クレリカル・カウンセリング**（clerical counseling）」のような教会におけるカウンセリングの方法もあります。

他方では、「**論理・感情・行動療法**（Rational Emotive Behavior Therapy）」のように、宗教による道徳的な教えが時に「とらわれ」の原因になると考える立場もあります。宗教はときに、「〜しなければならない」「〜してはならない」といった、日常の生活や考え方についての制約を厳しく強いることがあります。そうした制約は、自らを律するのに役立っていることは確かですが、そうした制約に必要以上の重きが置かれると、行き詰まりを感じることがある、という考え方です。

カール・ロジャーズの技法について

カール・ロジャーズによる「**人間中心療法（来談者中心療法）**」は、スクールカウンセリングの発展に大いに貢献してきましたが、近年のアメリカでは、ロジャーズ派を自称するカウンセラーは少なくなってきました。

スクールカウンセリングにおいては、行動心理学や認知行動心理学を中心とした折衷的なアプローチが一般的となっています（八九頁参照）。先に述べたように、スクールカウンセラーは、学校の中で起こる子どもの問題行動について、その場でとりあえず対処するという、即時的な対応を求められることが多くなっています。「その場の」対応においては、問題行動の矯正に焦点が当てられるので、最も適した方法として、行動療法的な対処法が用いられるのです。

ロジャーズの方法は、「問題解決までに時間がかかりすぎる（カウンセラーが一人の子どもに長い時間を割かなくてはならない）」「学校では子どもの自覚を待つ以前に指示的に教えることも大切だ」「個人の内面の変容を目指すより、環境を変えるほうが早く問題が解決する場合もある」などの理由で、学校にはそぐわないと考えた教育者が多かったのです。人間的な成長や「自己実現」の考え方が否定されたわけではありません。学校では、どうしても、子どもの様々な行動上の問題に対処することに追われている、という認識が強くなってしまうのです。

「人間中心療法」があえて取り上げられなくなった（ように見える）理由が、ほかにもあります。カール・ロジャーズによる「人間中心療法」は、かつては「来談者中心療法」と呼ばれていました。もとは「来談者」と面談するために考案されたロジャーズの技法ですが、狭い意味でのカウンセリング・セッションにとらわれず、一般に人間と人間との理想的なかかわり合いの方法として考えられるようになりました。現在では、スクールカウンセリング、ソーシャルワーク、バリデーション（認知症を持つ人とのコミュニケーションに用いられる技法）、コーチング（スポーツコーチに有効な技法を体系化したもの）、ファシリテーション（グループ・プロセスを支援する技法）など、数多くのコミュニケーションに関する分野に、ロジャーズ派カウンセリングの基本姿勢が採用されています。さらにカウンセリングやコーチングの技法が会社経営や接客、学校の授業など様々な場面に応用され、ロジャーズの唱えた「無条件の受容」や「共感的理解」の原則が活用されています。

ロジャーズによる方法が、「来談者中心」から「人間中心」という呼称に移行している背景には、この方法が、面談やカウンセリングの基礎であるばかりでなく、すべてのコミュニケーションの基礎になるものとしてとらえられるようになった、ということがあるように思われます。

数あるカウンセリングの技法の中でも、行動主義や認知行動主義によるものは、かつてはロジャーズの技法とは相容れないものであるように考えられていました。特に、アルバート・エリス（Albert

Ellis）による「論理・感情・行動療法」は、ロジャーズ派の技法とは正反対の立場をとるものと考えられてきました。ロジャーズはカウンセリングを行う者と受ける者との人間関係を重要視しましたが、エリスは、人間関係は「必要条件でも十分条件でもない」と言ってロジャーズの考えを否定します。ロジャーズの「非指示的」な技法とは違い、エリスの方法はクライアントを教え導くという教育的なもので、「指示的」です。しかし、論理・感情・行動療法のカウンセリングの過程でも、カウンセリングを受ける者の話をカウンセラーがよく聞き、共感的に理解したほうがいい、という説もあり、正反対と言われる二つの技法が、次第に近づいてさえいます。

認知行動療法による面談でも、クライアントの話を共感的に聞く、という原則が守られています。そのほかの多くのカウンセリング技法についても、「無条件の受容」や「共感的理解」を支持する考え方が普通になっています。このように、それぞれのアプローチが互いにその距離を近づけている、というのが、今日の現状です。

その他の技法について

先に挙げた、グラッサーの選択理論に基づく「現実療法（Reality Therapy）」やドライカーズによるアドラー的アプローチ、また、アルバート・エリスの「論理・感情・行動療法」やフレデリック・パールズ（Frederick Perls）による「ゲシュタルト療法（Gestalt Therapy）」などは、カウンセリングの技法として主流となるものですが、そのほかにも多くの方法が存在します。スクールカウンセラーは、一般的によく知られている理論と実践方法を養成や訓練の過程で学びます。それらの方法は日々更新され、新しい技法も考案されています。

統合的カウンセリング

すべての事例に効果を発揮する単一の技法が存在するとは考えにくいことです。また、技法間の差が縮まってきている、などの理由から、カウンセリングについての様々なアプローチをまとめるモデルがあります。このようなモデルは、一般的には、「**折衷的カウンセリング**（eclectic counseling）」として知られてきました。

折衷的カウンセリングは、カウンセリングの目的や内容を明らかにしながら、カウンセラーが自らの力量を考慮に入れて技法を選びながら実施します。技法が適切に用いられれば、それぞれのカウンセリング手法の長所を生かすことができます。反面、慎重に技法を選び取る作業がおろそかにされると、確固とした理論的裏づけもなく、漫然と各技法が試されるだけの、効果の少ないカウンセリングになってしまいます。

総称的に「折衷的カウンセリング」と呼ばれていますが、折衷主義の陥りやすい危険性を回避することなどを踏まえ、いくつかのモデルが提案されています。例えば、経験的な研究調査の結果を参考にしながら、その都度どの技法が効果的かを慎重に選択するモデルを、特に「**統合的カウンセリング**(integrative counseling)」と呼ぶことがあります。

「解決志向ブリーフカウンセリング」

数多くのスクールカウンセラー全員に、カウンセリング理論を深く極める余裕があるわけではなく、また、そのように要求することも現実的ではありません。実践が難しいものや、長い訓練期間を要する技法をスクールカウンセリングの主要な道具とすることは困難です。ロジャーズの方法のような、数年間の訓練で基礎が習得でき、込み入った理論を必ずしも学ぶ必要のないカウンセリング技法が、スクールカウンセラーには適しています（ロジャーズの方法が、単純に安易で簡便なものであるという意味ではありません）。

近年スクールカウンセラーの間でよく用いられている「解決志向ブリーフカウンセリング（Solution-Focused Brief counseling）」（または、「解決焦点化ブリーフカウンセリング」「解決志向ブリーフセラピー」）は、カウンセラーのためのシナリオを覚えるだけで実践することができます。学校の教育的雰囲気に合っていて、しかも一回のセッションが一五分ほどで終結するという、多忙なスクールカウンセラーにとっては好都合の技法です。問題が解決した状況をイメージすることで、子どもの中にある否定的な考えを払拭するという点で、グラッサーの方法に似たところもあり、特に学校や子育ての場面で生じる問題行動を扱う場合に有効であると考えられています。「解決志向」の考え方を、個人や特定のグループに対してのみならず、学校全体の教育方針として用いる案も出されています。[2]

2　例えば、次のような書籍があります：Metcalf, L. (1995). *Counseling toward solutions : A practical solution-focused program for working with students, teachers, and parents*. San Francisco, CA : Jossey-Bass.

特性・因子理論に基づく面談

スクールカウンセラーの中でも進路指導を得意とする人は、「特性・因子理論」に基づいて子どもの支援を行っている場合が多く、性格検査や適性検査の結果の検査結果を参考にしながら面談を行うことが主な仕事になっています。その場合にも、カウンセラーの価値観を一方的に押し付けることがないよう、面談の方法については注意を払っています。

スクールカウンセラーが答えや解決策を子どもに与えないようにしていることは、多くの場面で共通しています。ガイダンスの授業においても、進路選択にかかわる面接においても、子どもの主体性を重んじ、子どもの側から何らかの方向性が出されるような支援をすることに変わりはありません。「解決志向ブリーフカウンセリング」も、子どもが自分で目標を定め、その目標が成就したイメージを持つことを手助けする技法です。

芸術療法・遊戯療法など

カウンセラーの協議会や実践発表会では、常に多様なワークショップや技法の紹介がなされています。「注意欠陥多動性障害（ＡＤＨＤ）と薬物についての最新の研究」といった情報や「アイテムレスポンス理論（統計学の理論）の利点」のような調査研究についての方法論や、「カウンセラーの時間管理法」「スクールカウンセラーの仕事内容の調査」「テロリズムに遭遇した経験のある子どものグループ活動」「ＥＭＤＲ[3]の効果」といった報告に加えて、「ヨガによるストレスマネジメント」「小学校のカウンセラーが使う手品の数々」「現実療法ワークショップ」など、実践に役立つ内容も多くなっています。こうした内容を見ても、アメリカにおけるカウンセリングの場面が、多様であることがわかります。

学校で**遊戯療法**、**家族療法**、**演劇療法**、**文通療法**、**読書療法**などを行う実践例もあります。小学校のガイダンスの時間には、人形劇や手品を通じてカウンセリングの技法を生かすことが日常行われていますし、状況が許せばゲストを招いて**ドッグセラピー**（訓練された犬を伴う動物療法）などを行う場面もあります。**絵画療法**や**人形劇によるカウンセリング**は、言語表現が十分にできない子どもや小学生に、特に効果を発揮します。中学校や高等学校では、**サイコドラマ**の技法を学校に持ち込もうとするアイデアもありますし、キャリア教育の一環でカウンセラーがギターをかかえて替え歌を歌っている場面や、ガイダンスの一部に**芸術療法**の技法を用いる場面も見られます。小道具や絵などを用い、身体を動かしたり想像力を働かせたりすることによって五感をフルに活動させ、言語に依存するカウンセリング技法の効果を高めようとする「**インパクト療法**（Impact Therapy）」も比較的新しい技法です。

カウンセリングの技法を利用して様々な活動を行うことは、スクールカウンセラーの義務になっています。小グループによるカウンセリングは、今やカウンセラーが行わなければならない必須項目の一つですし、ピアサポートのプログラムは、全米で展開されています。

3　「EMDR（Eye Movement Desensitization and Reprocessing）」は、心的外傷ストレス障害（Post-Traumatic Stress Disorder）の治療に効果があるとされる技法です。スクールカウンセラーは、精神科医師や専門カウンセラーとの意思疎通のために、こうした障害と治療についての知識を持っていますが、自らの資格や能力を超えた問題を扱うことはありません。

グループカウンセリングについて

人間関係のダイナミクスが行動変容の手がかりになることから、学校においてもグループによるアプローチが重要視されています。特にソーシャルスキルを学んだりコンフリクトマネジメントやアンガーマネジメント（怒りの感情のコントロール）を行ったりする際に、個別のカウンセリングでは得られない効果を発揮します。スクールカウンセラーは、もともと教育者であることが多く、学校環境にいる子どものグループでリーダーシップをとることに長けています。学校という環境の中でグループによる活動を行うことは大変自然なことです。

大グループ（large group）は、学校では普通一つのクラス全員を指しますが、場合によってはそれ以上の人員数を擁する集団を指すこともあります。狭い意味でカウンセリングと言うよりも、ガイダンスやサイコエデュケーションの対象として、日常生活で起こりうる問題の予防や、保健衛生についての教育を行います。銃を見た場合の対処法、人種差別をしないようにする練習、アルコールやタバコの害についての教育、感情を抑制する練習、いじめにあった場合の対処法、ソーシャルスキルの訓練、歯の磨き方等々、スクールカウンセラーが計画した内容に従って、ゲームや討論を中心とした活動が行われます。

小グループ（small group）は、七人程度までのグループを指します。構成員は、同学年の子どもに限られていたり、時には学年の枠を超えて参加者が選ばれたりしますが、普通このグループは、閉じたグループ（固定したメンバーによるグループ）の編成になります。例えば週に一度、合計で五回から一〇回程度のミーティングが開かれます。あらかじめ決められたテーマに沿って、回を追うごとに深化した内容を扱うようになっています。テーマは、「セルフエスティームを高める」「怒りの感情をコントロールする」「摂食障害の防止」「時間管理をする（遅刻をしない）」など様々です。

グループ活動の手順は「**グループプロセス**」と呼ばれます。様々な手順が提案されていますが、学校でグループ活動を行う場合の、典型的な形は次のとおりです。

大グループ、小グループいずれの場合にも、カウンセラーは、導入部でグループのルールの説明（勝手な行動はしない、人をけなさない、活動に加わりたくなければパスしてよい、等）をし、活動をスムーズに進めるための準備として導入ゲーム（icebreaker）を行います。テーマにかかわるメインの活動やそれについての討論のあと、カウンセラーをリーダーとして、「まとめ（processing）」が行われ、グループ活動がどのような意図で行われたのかを確認しておきます。「般化（generalization）」（グループの活動を日常の生活に生かすこと）を目的とした簡単な宿題や、次回の予告がなされ、その回のセッションが終了します。

仕事をこなす上でどのような工夫をするか

多忙さのために一つ一つの仕事がおろそかにならないよう、スクールカウンセラーは仕事の配分や優先順位について、常に考えておかなければなりません。自分の時間管理も仕事内容の一つであると考えられています。養成課程の中で、スケジュール管理の方法を学ぶことも普通になっています。

スクールカウンセリングの効率化をはかるため、スクールカウンセラーの役割を整理する作業が、各地域で進められ、スクールカウンセリングの新しいモデルが提案されています。共通して言えることは、スクールカウンセラーの管理職的な立場を明確にし、他の学校職員や保護者のコンサルテーションやコーディネーションを通じて、より多くの仕事をこなしていくということです。生徒指導について、より多くの部分を教科担当の教師や事務職員に任せるかわりに、カウンセラーは学校職員を支援します。そのようにしてカウンセリングの理念を学校全体に浸透させていくのです。

広義の予防プログラムに力を入れ、問題の発生を防ぐことによってスクールカウンセラーの仕事を減らそうとする動きは、その一つです。また、子どもと面接をする仕事については、できる限りグループカウンセリングやブリーフカウンセリングの技法を利用する提案をしている人もいます。

グループカウンセリングでは、複数の子どもに同時に対応できますから、時間の節約になるというわけです。それだけでなく、ソーシャルスキルの習得など、学校生活に大きくかかわる内容についての支援や問題の予防について、グループカウンセリングが適していることがわかっています。

一回の面談時間を少なくすることによって、時間の節約をしようというアイデアを実現するために、解決志向ブリーフカウンセリングをもっぱら用いるカウンセラーもいます。短時間のセッションとはいえ、学校で日常的に発生するこまごまとした子どもの問題に対処するには、長時間の面談よりも効果がある場合もあります。

ピアサポート・プログラムも、スクールカウンセラーの仕事の効率化をはかる上で役に立っています。アメリカでは、人と人とは対等でありながら、「最終的意思決定者（decision maker）」としてのリーダーの決定に従う習慣があるので、子どもの中にリーダーが育ちやすい環境があります。また、キリスト教の精神により、困っている者や恵まれない者を助ける習慣を養う教育が、幼いときから家庭でなされている場合があります。援助者（ヘルパー）は被援助者（ヘルピー）を、独立した個人として見ますから、お互いが自立心を失って頼りすぎてしまう関係にはなりにくくなっています。ピアヘルパーとして他の子どもを援助する活動は、自然な形で受け入れられており、スクールカウンセラーや教師の仕事を軽減することにもつながっていくことが期待されています。もちろん、ピアサポートの第一の目的は、スクールカウンセラーの仕事を減らすことではありませんが……。

「アカウンタビリティ」とスクールカウンセリングの評価

「アカウンタビリティ」とは

学校教育についていう場合、教育方針や各種査定の目的や内容などを、教育の消費者（子どもと保護者）に対して公開して納得してもらうことを、「インフォームド・コンセント」と言っています。わかりやすく説明するために公表される教育の成果が、「アカウンタビリティ（accountability）」と呼ばれています。

各公立学校は、子どもの家庭向けの文書やインターネットを通じ、「学校通知表（school report card）」の形で学校についての情報を公開していますが、その中には、子どもの標準化試験の平均点や、校内ボランティア[4]の延べ人数、教職員の修士号保有率など、各学校のプロフィールが示されています。統一された様式で各学校のアカウンタビリティが示されているのです。アカウンタビリティの強化は、国家政策である「No Child Left Behind（どの子どもも置き去りにしない）構想」[5]の目標の一つです。

教師のアカウンタビリティは、子どもの学業成績の伸びによって測るのが普通です。単なる評価ではなく、学校教育の目的を明確に示すことで、学校の存在意義を一般に知らせるのに役立っています。教育者の熱意に応じた予算を配分するための目安にもなっています。

教育の効果は、子どもの学業成績だけで単純に測ることができるものではありませんが、学業という教育の一側面を取り上げて目標を明確化することが、アカウンタビリティの考え方なのです。教師が教科指導についてのスペシャリストと考えられていることで、アカウンタビリティの考え方が成立するのです。同時に、様々な観点から教師を評価する方法も採用されています。例えば、教師を、授業の創意工夫や子どもの満足度、同僚教師の感じ方などで評価し、表彰したり教材費や研究費を授与したりする制度があります。

4　教材づくりなどの援助を行う援助要員を「校内ボランティア」と呼んでいます。保護者がボランティアになれば、学校での自分の子どもの様子や、教師の仕事ぶりを見る機会を得ることができます。教師にとっても、授業の援助を得ることができ、人手不足の解消になる上に、根拠のない批判を受ける機会も減るという利点があります。ボランティアの数で、その地域の教育に対する関心の度合いや、ボランティアとして参加できない共働きの夫婦の数などを大雑把に把握することができます。

5　アメリカにおける国家レベルの学校改革案で、初等・中等学校レベルの子どもの学力向上を目指しています。「アカウンタビリティの強化」「地方自治体の裁量拡大」「教員の質の向上、科学的に実証された授業方法の促進」「教育に関する保護者の選択肢の拡張」を骨子としています。

カウンセリングの効果を調べる方法

スクールカウンセリングは、アメリカの社会的・歴史的背景の中で必要に応じて築かれてきたものですから、その存在は自然な形で容認されています。しかし、地域社会の理解の上に安住しているだけで、その役割が順調に遂行できるわけではありません。カウンセリング・プログラムも、当然のことながら高いアカウンタビリティを保持していなければなりません。

スクールカウンセラーをはじめとする管理職のアカウンタビリティは、基本的には、学校全体のアカウンタビリティによって測ることができます。それに加えて、個人面談やグループ活動、サイコエデュケーションなどの成果によって把握するのが適当です。しかし、個人面談などの内容を公開して評価を求めることは、守秘義務に違反する上、カウンセリングの知識のない第三者からの客観的な評価を得ることも困難です。サイコエデュケーションの主な目的は問題の予防ですが、予防が成功して問題が「起こらなかった」ことを正確に知るのは難しいことです。

しかし、スクールカウンセラーは、伝えにくいカウンセリングの効果を測り、目に見える形で発表するための手段を用意しています。個人面談やグループ活動については、面談や活動に参加する前の状態と参加し終わった後の状態を比べ、どのような変化があったかを調べます。簡単なアンケートを利用すれば、おおよその効果を調べることができます。予防プログラムについては、そのプログラムを始める前の状態と、予防的介入を試みた後の状態を比べます。例えば、予防的介入前と後の、停学

資料2 小グループ活動についての子どもによる評価シート の例

☆ あてはまるものに、○をつけてください。

1．じゅぎょうちゅうに、てをあげること

グループにさんかする前は

とてもよく できた	まあまあ できた	あまりよく できなかった	まったく できなかった

グループにさんかしたあとは

とてもよく できる	まあまあ できる	あまりよく できない	まったく できない

2．わからないことを、しつもんすること

グループにさんかする前は

とてもよく できた	まあまあ できた	あまりよく できなかった	まったく できなかった

グループにさんかしたあとは

とてもよく できる	まあまあ できる	あまりよく できない	まったく できない

3．クラスのともだちに、あいさつをすること

グループにさんかする前は

とてもよく できた	まあまあ できた	あまりよく できなかった	まったく できなかった

グループにさんかしたあとは

とてもよく できる	まあまあ できる	あまりよく できない	まったく できない

者数に有意な差があるかどうかを調べます。こうした調査は、手軽に実施でき、短時間で結果をまとめることのできるものが適しています。

一例として、筆者がスーパーバイザーの指導のもとに作成したアンケート（日本語訳）の一部を資料2として前頁に載せました。このアンケートは、小学校三、四年生六人を対象にした小グループ・セッションの最終回に実施したものです。

グループ活動は、教師からの要請で実施したもので、「授業中に発言のない子ども」「質問をしない子ども」「クラス内で意見交換ができない子ども」を集め、週一回合計八回のミーティングを行いました。簡易なアンケートですが、質問項目は、グループ活動の目標と一致させているので、ある程度まで効果を知ることができます。回答数が少なく、統計的な処理は行っていませんが、参加者のほとんどがクラスで発言するようになったという教師からの報告が、アンケートの結果と一致したことで、この活動の効果が確認されました。

スクールカウンセラーは、ニーズ調査とともに、このようにカウンセリングや仕事内容についての実際的効果を示すことで、保護者や学校職員からの理解を得る努力をしています。普通、子どもとの面談を公開することはできませんが、可能な範囲で、数値化されたデータなど、目に見える形で表すようにしています。そうしたデータを示すことで、スクールカウンセリングの仕事についての理解を得ることができ、カウンセラーの評価は単純な数値では測ることができない部分もあることを認識してもらう手がかりにもなります。スクールカウンセラーの仕事についてのインフォームド・コンセントが成立することになります。

アカウンタビリティの効果

スクールカウンセリングの目的が子どもの福利であるにしても、何がよいことなのかについては、様々なとらえ方があります。不登校の子どもが、在籍する学校へ来ることを問題の解決とみなす場合もあれば、その子どもの情緒が安定することのほうを重要視する見方もあります。ある問題について、教師や学校長が解決したと認識していても、スクールカウンセラーはそのように見ていない場合もあります。実証的なデータを示すことは、高いアカウンタビリティを保持するために必要なことですが、同時に、スクールカウンセリングがどのような方針に拠っており、その方針にはどのような科学的・心理学的根拠があるのかを保護者や教師に説明しておくことが、高いアカウンタビリティにつながります。

問題の防止や解決について成果を上げているにもかかわらず、「カウンセリング」という手段を疑問視する職員が多ければ、学校は、スクールカウンセラーという資源を生かすことができない状態になります。スクールカウンセリングには効果がない、あるいは、その意義が理解できない、という考え方が支配的になります。

そうした事態を避けるためにも、アカウンタビリティの発想が役に立つと思われます。アカウンタビリティは、単によいか悪いかの評価なのではなく、当該のプログラムやシステムの有効性を高めるためのものです。

「キャラクターエデュケーション（人格の教育）」について

清教徒の移民を発端にして建国されたアメリカ文化の主流は、キリスト教です。アメリカでは、公立学校において、宗教的な教育内容を避けるべきなのか、それとも、学校教育の根幹に据えるのか、という議論が、決着のつかない問題になっています。本来の意味を超えて一般的な行事になったとはいえ、クリスマスやバレンタインはキリスト教の行事であるに違いありません。公立学校で、子どもや教師が、「Merry Christmas」や「Happy Valentine」などと挨拶を交わしていても特に責められることはないのが普通です。その反面、公立学校でクラスメートに宗教的記念日のメッセージカードを送った子どもが停学処分になった例もあります。旧約聖書にある「十戒」の文言を公立学校で公然と掲げることが違法であるかどうかについて、議論になっています。理科の時間に、「進化論」に偏ってはならず、創造主の存在を示唆する内容ともとることができる「インテリジェントデザイン（intelligent design）」の発想も紹介しなければならないということを法的に定めている州もあります。

カウンセリング自体に反対するキリスト教の宗派もあります。カウンセリングの祖とみなされるフロイトが、人間を、「自由意思」という観点からではなく、無意識と動物的本能という点から説明しているためです。進化論やフロイトの心理学は、人間は神の姿に似せて創られた特別な存在である、という考え方を否定するものだというのが、一部のキリスト教宗派の立場です。家庭の方針により、スクールカウンセラーに援助を求めることを拒否する子どももいます（カウンセリングには、受けないという選択肢もある）。

アメリカの公立学校は、日本と同じように、特定の宗教やその道徳観に偏らない教育を建前としています。それでは、アメリカの公立学校は、「何がよいことか」という道徳的な価値観をまったく持たずに教育を行っているのかと言うと、そうではありません。**「キャラクターエデュケーション（人格の教育）」**という名のもとに、道徳に代わる内容の教育が実践されてきました。

心理学者ゴードン・オルポート（Gordon Allport）が英語の「キャラクター（character）」を「評価されるパーソナリティ（personality evaluated）」と定義して以来、心理学ではこの意味で「キャラクター」の語を用いています。つまり、「キャラクター」は「よい」とか「悪い」と判断されるような「人格」を意味しているのです。「キャラクターエデュケーション」は、一般的に「よい」とみなされるような「人格特性（character traits）」を抽出し、それらの特性を子どもが身につけていくことを支援しようとする教育を指しています。宗教や政治思想などに関係なく社会的に「よい」と考えられる特性を抽出することで、特定の宗教や人によって意見の分かれる道徳観念に左右されない教育を実現するのが理想です。

キャラクターエデュケーションで扱われる人格特性は、「信頼感（trustworthiness）」「尊敬の念

(respect)」「責任感(responsibility)」「公平さ(fairness)」「思いやり(caring)」「公共性(市民であること、citizenship)」の六つを核としています。地域によっては「セルフエスティーム(self-esteem)」など二、三の特性を付け加えているところもあります。キャラクターエデュケーションの実践は、スクールカウンセラーが中心になることもありますが、一手に引き受けているわけではなく、他の管理職や教科担当教師が主導権を握ることもあります。

スクールカウンセラーは主に、ガイダンスの授業を通して、子どもが望ましい人格特性について考える機会を提供します。時には、「今月のキャラクター」のように毎月一つの特性を取り上げ、子どもたちがそれについて考えたり議論したり、また、望ましい人格を持った人物を演じてみることができるような機会をつくります。

英語や社会科の授業でも人格特性を主題にした内容を扱うことによって、教育内容の般化をはかっています。学校長が特に予算を組み、ミュージカルのチームやコメディアンなどを雇い、キャラクターエデュケーションの主題に沿った内容の出し物を演じてもらう場合もあります。こうした教育的な内容の出し物を提供する、非営利団体も存在しています。スクールカウンセラーが中心となり、人格特性についてのポスター作成コンテストを校内で行うこともあります。

西洋には、古くから「知識(knowledge)」に対する「知恵(wisdom)」の伝統があります。「知識」を次の世代に伝えることは比較的容易ですが、「知恵」の伝達はきわめて困難であるとされています。キャラクターエデュケーションは、現代社会に知恵の伝統をどう伝えていくか、ということについての試みであると考えることができます。アメリカ合衆国の元教育庁長官ウィリアム・ベネットは、

『徳の本（The Book of Virtues）』[6]を編集しています。道徳的な内容を含んだ物語のアンソロジーであるこの本は、アメリカでベストセラーになりました。人々が道徳教育についての関心を寄せるなか、多様な文化・価値観の中で教育内容についての模索が続いている、というのがアメリカの現状です。

6　Bennett, W. J. (Ed.). (1993). *The book of virtues : A treasury of great moral stories*. New York : Simon & Schuster.［ウィリアム・J・ベネット編（一九九七）。『魔法の糸――こころが豊かになる世界の寓話・説話・逸話100選』大地舜訳、実務教育出版］

スクールカウンセラーの守秘義務について

この章の最後に、スクールカウンセラーの守秘義務と倫理規定について、若干の説明をしておきます。スクールカウンセラーの守秘義務や倫理規定は、一般のカウンセラーのそれとほぼ同じですが、なかには学校で働く者ならではの問題に遭遇することもあります。

カウンセラーは、原則としてクライアントの許可なくカウンセリングの内容を公開したり研究に使用したりすることはできません。

クライアントが未成年者である場合、保護者がカウンセラーに対して内容の公開を求めたときは、カウンセラーは法律上それに応じる義務を負います。未成年のプライバシーについての権限は保護者にあるのです。

しかし現実には、話し合われたことを保護者に知らせないほうが、カウンセリングがスムーズにいくという場合もあります。保護者が開示を求めた場合にも、事情を説明して状況を理解してもらうことがあります。込み入った問題を扱うときなどは、事前に保護者の理解を求めておくこともあります。

それとは逆に、カウンセリングで話されたことを他の学校職員に知らせて協力を仰ぐことが賢明であると判断される場合があります。この場合は、必要があれば保護者の同意を得ながら、なるべくクライアントである子どもからの了承も得て、関係する職員に内容を告げます。

クライアントが、自分や他人に身体的・精神的な危害を加える意図をカウンセラーが察知した場合、カウンセラーは、警察等に連絡しなければなりません。子どもが、虐待などの危害を受けたことを知った場合も、カウンセラーはしかるべき機関への通報義務を負います。そうした情報が本当かどうか疑われる場合にも、報告する義務があります。また、裁判所からカウンセリングの内容を開示することが求められたり、カウンセリングについての記録を提出することが求められたりした場合は、これに従わなくてはなりません。

大学の授業や研修会で事例の報告をしたり、カウンセリング場面の画像や音声を記録したテープを公開したりする場合があります。この場合、クライアントとクライアントの保護者にあらかじめ了承を得ておきますが、事例報告の際には仮名を用いるなど、関係者や関係する団体が特定できないようにしています。

カウンセリングの事例について検討したり意見を仰いだりすることは、カウンセリング技術の発展にとって必要なことです。こうした場合のために確立した手順があり、スクールカウンセラー養成課程でも、「承諾書（consent form）」のつくり方や了承を得る手順についての指導があります。

また、授業や研修会で発表された事例については、参加者が他言しないという規則があり、特にその規則について言及されなくとも守秘義務を守ることになっています。指導者によっては、確認の意味で、守秘義務についての規則を簡単に説明した文書をつくり、学生のサインを求める場合もあります。

カウンセリングについての研究を行う場合は、倫理規定についての研修を受けたあと、被験者保護に関する所定の試験に合格して免許状を得ておく必要があります。免許状は、毎年更新します。さらに個々の研究についての計画書を提出して、規定違反がないかどうかの審査を受けたあと、大学や研究機関に設置されている委員会の認可を得ます。このような手続きを経る前に開始された研究を公表することはできません。

守秘義務について厄介な問題があるのは、グループカウンセリング（ミーティング）です。カウンセラーは、グループに参加する子ども全員に守秘義務があることを説明しますが、セッション中に知ったことを、子どもが教室などで話してしまう場合があります。子どもが、守秘義務や権利について理解し、それを完全に守ることは期待できません。スクールカウンセラーは、グループの中で深刻な個人的問題が表現されそうになった場合にそれを制止し、あとでそのような問題を持つ子と個人的に話し合う、などといった柔軟な対応をしていきます。

カウンセリングに関する守秘義務や法律などを扱う「倫理と義務」に関する講座と、マイノリティの子どもや障害者の人権などを扱う「異文化カウンセリング」（六九頁参照）の講座は、養成課程で学び始めた学生が、できるだけ早いうちに履修することになっています。

アメリカ社会は、人権の問題に大きな比重を置いています。カウンセリングについて訓練中の学生であっても、クライアントと面接をする以上、その専門性が問われます。クライアントの危機的状況を見逃したり、カウンセリングの技法を不適切に使用したりした場合など、直接面接に当たった訓練生だけでなく、指導者も訴訟の対象になる可能性があります。ですから、実習生を含めた多くのカウンセラーが、訴訟費用や賠償金が補償されるカウンセラー保険に加入しています。大学によっては、実習生全員に保険への加入を義務づけているところもあります。極端な言い方をすると、アメリカでは、裁判所や訴訟の制度、さらには保険会社が、倫理や人権についての、いわば監視役になっているのです。

守秘義務や倫理規定について考える際には、社会や制度の様子に加えて、個人個人の価値観や自己開示についての考え方などを考慮に入れておく必要があります。スクールカウンセラー対象の倫理規定には、米国スクールカウンセラー協会によるガイドラインがあり、また、各州の教育庁などでも独自にまとめた規則を発表しています。そうした規則は、各地域の事情や考え方を反映しており、地域ごとに若干の相違があります。

コラム　公立学校（public schools）

政府から助成金を受け、宗教教育を行わないなどの政府の方針によって運営される学校が公立学校です。

日本の私立学校は、文部科学省によって定められるカリキュラムにおおよそ従い、助成金を受けている公教育機関であるという意味で、アメリカの基準で言えば公立学校の範疇に入るという考え方もできます。また逆に、アメリカの公立学校は、ある程度州政府の方針に従っていれば独自のカリキュラムを編成することができるという点で、日本の私立学校の性格を多分に持っています。

伝統的な教科を重視する学校は特に「トラディショナルスクール（traditional school）」と呼ばれます。また、特色あるカリキュラムを導入している「マグネットスクール（magnet school）」、学校経営を地域住民に委託した「チャータースクール（charter school）」など、公立学校の中にも様々な形態があります。「実業高校」はしばしば、「テクニカル・インスティテュート（technical institute）」と呼ばれます。また、芸術系の「パフォーミングアーツスクール（performing arts school）」なども地域ごとに設立されています。「オールタネートスクール（alternate school）」には、何らかの事情で普通の学校に入ることのできない子どもが通っています。

普通は、公立学校に入学試験はありません。入学試験による選抜がないので、中学生も高校に進学する際、自分の能力に適した学校を慎重に選ぶ必要があります。スクールカウンセラーによる進路選択の支援が重要である所以です。

第4章

日本の学校から見たスクールカウンセリング

これまでのまとめとして、アメリカのスクールカウンセリングを、日本的な視点から考えてみたいと思います。あくまでも、筆者の見解です。

▼学校区事務所（ケンタッキー州ブリット郡）

スクールカウンセリング
——日本とアメリカ

現在の日本の「スクールカウンセラー」は、学校や地域によって様々な勤務形態をとっており、仕事内容についても差があります。一般的に見た場合、公立学校のスクールカウンセラーは次のような点でアメリカのスクールカウンセラーと異なっているようです。

1　多くの場合、勤務形態は非常勤であり、地域の教育委員会から学校へ派遣される形になっている。

2　担任の教師などが、不登校などの問題を持つ子どもを連れてくることによってカウンセリングが始められることが多い。つまり、スクールカウンセリングは、必ずしも能動的・積極的な仕事ではない。

3　在籍するすべての子どもがスクールカウンセラーによる支援を受ける権利を持っているものの、現実には不登校などの問題を持つ一部の子どもが、支援の主な対象となっている。

4　治療や問題の解決を仕事としている。いじめや不登校の問題を解決したり、障害のある子どもの学業についての問題を解決したりすることに主眼が置かれている。

5　日常的な生徒指導・進路指導・学業の支援になかなか時間をさけない。

6　学校内部の職員として「教育相談」にあたるのではなく、教育相談の助言者・協力者として機能する。

7　学校専門のカウンセラーではなく、資格として「臨床心理士（クリニカルサイコロジスト）」を想定している。

8　職員会議などに出席しないこともあり、学校の経営や組織運営に、直接かかわることが少ない。

日本のスクールカウンセリングとアメリカのスクールカウンセリングとは、理念の核となる部分からして異なっています。アメリカにも非常勤のスクールカウンセラーはいますが、非常勤という勤務形態は、本来的なものではありません。スクールカウンセラーは、常勤であることによって、日常的に子どもの活動と「積極的に（proactive）」かかわります。つまり、問題があると思われる子どもを託されるというよりも、日常的に子どもたちと積極的に接することによって、問題を予防し、また、カウンセリングによる介入を必要とする子どもを見つけることが仕事になっています。そうした役割を果たすには、カウンセリングが子どもたち全員に目を配るサービスであるという認識が必須です。

今のところ、日本のスクールカウンセリングが、主に不登校などの問題について治療的にかかわっているのに対し、アメリカのスクールカウンセラーは、心理・行動面の問題が起こる前に、それを予

表5　日本とアメリカにおける「スクールカウンセラー」の比較

	日本のスクールカウンセラー	アメリカのスクールカウンセラー	日本の生徒指導
勤務形態	非常勤	常勤	常勤（教師）
主な仕事	治療的介入	予防的介入	予防的介入
資格・タイプ	psychologist	educator/counselor	educator
位置づけ	学校長の監督下にある	管理職	担当教諭（主任／主幹）
組織への介入	なし（アドバイスのみ）	あり（積極的に介入）	あり（職員として参加）

防すること（一次予防）に重点を置きます。問題が発生した場合にはそれに対応し、悪化を防ぐ努力をします（二次予防）が、さらに再発の防止（三次予防）にも努めます。

アメリカでは、教科担当の教師が委員会を組織して教育的な活動についての仕事を行ったり、学校行事についての仕事を分担したりすることはありますが、日本における「校務分掌」のような、定着した仕事分担はほとんどありません。日本の学校では、スクールカウンセラーが教育相談に関して助言や協力を行っていますが、アメリカでは、教育相談はまさにスクールカウンセラーの仕事の一部です。

カウンセラーとしての仕事は、「心理士（サイコロジスト）」とは異なります。アメリカの学校には、スクールカウンセラーとスクールサイコロジストという異なる職業分野があります。スクールカウンセラーの位置づけは「管理職」であり、既存の学校職員とはやや異なる性格を持った専門家として学校長の監督下に置かれている日本のスクールカウンセラーとは異なっています。日本では、スクールカウンセラーが、学校行事を編成する仕事や、子ども向けの学校生活に関する規則の草案作成などの、学校運営上の仕事にかかわることはあまりありません。

以上の内容を簡単にまとめると、表5のようになります。乱暴な比較ではありますが、参考のために、日本の「生徒指導」の特徴を右側の列にまとめてあります。

表5を見ると、現在の日本の公立学校における「スクールカウンセリング」のプログラムは、名前は同じ「スクールカウンセリング」ですが、アメリカのそれとはかなり違ったものであることがわかります。アメリカのスクールカウンセリングの役割を、日本の学校にたとえると、見方によっては、「スクールカウンセリング」よりもむしろ、「生徒指導・生活指導」（以下、「生徒指導」に統一）に近いものであると考えることもできます。

日本の学校における役割分担と「スクールカウンセリング」

日本の「生徒指導」は、第二次世界大戦後に新しい学校制度がつくられた際、アメリカの「ガイダンス・プログラム」を参考にして導入されたものであると言われています。アメリカでは、今でも「ガイダンスカウンセリング」と「スクールカウンセリング」を同義語として用いることがあります。アメリカでスクールカウンセリングとかガイダンスカウンセリングと言われているものは、極端な言い方をすれば、日本における生徒指導に相当します。ただし、日本の「生徒指導」は、カール・ロジャーズによる人間観が広まる以前の「ガイダンス・プログラム」を基にしたものであり、ロジャーズの影響を受けている「スクールカウンセリング」とはその理念を異にしています。

日本の学校における「教育相談」もまた、アメリカのスクールカウンセリングの役割の一部に似ています。「生徒指導」と異なるところは、ロジャーズ以降のカウンセリングの考え方を取り入れていることです。つまり、理屈から言えば、日本の「生徒指導」と「教育相談」を合わせれば、アメリカの「スクールカウンセリング」の核の部分が構成されることになります。日本では、通常、生徒指導や教育相談は、教科担当の教師によって担われているので、同じ教師が学業に関する役割にも携わっていることになります。

アメリカの学校には、「養護教諭」のような役職がありません。「スクールナース」は、いわゆる学校にいる看護師であり、子どもの身体・健康面でのケアをしますが、生活上の問題などを扱うことはまれです。予算の都合で、スクールナースを置いていない学校も多く、常勤ではない場合も多くなっています。学校に「保健室」がある場合もありますが、スクールナースが不在ならば、事務で保健室を管理するのが普通です。日本では、養護教諭は、子どもからの相談を受けるなど、精神衛生に関する役割を分担していることが多いので、形の上では、アメリカ的な「スクールカウンセリング」に相当する仕事の一部にかかわっていると考えることができます。

これに進路指導を加えれば、表面的にはアメリカのスクールカウンセリングに多少似たものになります。さらに、日本の「学級担任」は、これらすべての領域にかかわりながら子どもたちの学校生活を支援していますから、アメリカにおけるスクールカウンセリングに近いとも言えます。アメリカのスクールカウンセリングの制度は、その形だけを見れば、以前から日本でも「学級担任」「生徒指導」「教育相談」「養護教諭」や「進路指導」として具体化されていたことになります。

アメリカの現状では、スクールカウンセラー一人当たりが担当する子どもの数は二五〇人から三〇〇人（以上）にものぼりますが、日本の学級担任一人が受け持つ子どもの数は、三〇人から四〇人程度になっています。担当する子どもの数という観点だけから見ると、日本の学校における学級担任制度と校務分掌による分業制度は、優れた制度です。しかし、このような分業制度は、各教師が教科指導以外の仕事に多大な労働時間を費やしているという事実によって可能になっています。アメリカでは一人のスクールカウンセラーが数百人もの子どもを担当しているということの中には、自立を助けるために、学校職員は子どもの面倒を見すぎないほうがよいという考え方があるようです。

アメリカでは、各教師が発達段階に応じた教科指導のスペシャリストという意識を持ちやすくなっていますが、日本の分業制度は、教師の「専門家」としての意識を希薄にしやすいものであると思われます。アメリカのように、教師が、授業を実施するスペシャリストとして認識されると、学校運営についての権限は管理職に集中します。そのため、管理職のリーダーシップが強いものになります。

スクールカウンセラーと日本の学校の校務分掌

きわめて乱暴なまとめ方が許されるならば、アメリカの「スクールカウンセラー」は、日本でいうと、次のような仕事をしているように見えます。

・学級担任
・生徒指導部、生徒会係
・教育相談係
・養護教諭
・保健厚生係
・進路指導部
・教務部、保護者・ＰＴＡ係
・管理職（の仕事の一部）

もちろん、これらの役職のすべてを、スクールカウンセラーが引き受けているわけではなく、他の職員と分担することもあります。日本の学校における仕事の中には、アメリカの学校では必要とされないものも多く含まれているので、単純に比べることはできません。

日本的な感覚で言えば、アメリカのスクールカウンセラーは、多くの分野にまたがる仕事を一手に引き受けている、多機能の役職のように見えます。しかし、もちろんアメリカには、「学級担任」や「校務分掌」といった考え方はありません。アメリカ的な見方では、「スクールカウンセラー」は「スクールカウンセリング」という単一の仕事をする役職であるにすぎず、「学級担任」やいくつかの分掌を合わせたものとは認識されてはいないと思われます。スクールカウンセラーの行う数々の仕事は、分類すればすることはできますが、実のところ、一つの脈流の中にあります。

職業選択に関する相談業務から始まった仕事とはいえ、子どもが持ち込む相談の内容は、将来についての不安、学習についての悩み、学校へ来ることの恐怖、学校内外の友人についての悩み、といった具合に広がっていきます。学業、進路、社会性についての話題のどれもが、個々の子どもの中ではつながっており、一つ一つの問題を切り離して考えることは困難です。個々の子どもを、小さく刻まれた特定の問題からとらえる（「還元論」）のではなく、一人の人間全体として見る（「全体論」）ということです。

教育モデルとしてのスクールカウンセリング

アメリカで、日本のスクールカウンセラーに近い役割を果たしていると思われる職業は、「スクールサイコロジスト（学校専門の心理士）」です。スクールサイコロジストは、査定を行ったり必要に応じてカウンセリングを行ったりする「心理士」であり、教育委員会・学校区事務所から各学校へ派遣されます。派遣先の学校では、スクールカウンセラーや他の職員に助言を与えたり仕事の援助をしたりします。スクールカウンセラーと大きく異なる特徴は、進路選択の支援を行わないことです。

アメリカのスクールカウンセラーは、「現状では」という但し書きがつきますが、日本のそれと対応した役職ではありません。前者は、生徒の学校生活を全般的に支援するものですが、後者は現在のところ、一部の、特別な注意を必要とする子どもを主に扱います。両者とも、カール・ロジャーズの技法をはじめとするカウンセリングの方法を用いるところは変わりありませんが、役割が同じではないので、その活用の仕方が異なっているようです。

きわめて単純な言い方をすれば、アメリカのスクールカウンセリングの特徴は、「カウンセリング」

の発想を、学校教育のすべての場面で応用する役割を持っていることです。

アメリカのスクールカウンセリングは、臨床・医療モデルではなく教育モデルです。鬱病などの「治療」は「セラピー（therapy）」であり、本来的な意味では「カウンセリング」とは区別されます。長期の療養を必要とする子どもには、地域のカウンセリングセンターや精神科医に問い合わせて治療についての意見を聞いたり、受診を勧めたりすることがスクールカウンセラーの仕事になっています。しかし、「いじめ（bullying）」「嫌がらせ（harassment）」や「欠席の多い子（日本で言う不登校や怠学）」などの問題は、生徒の学校生活にかかわる問題であり、専門家の指示を仰ぐにせよ、スクールカウンセラーによる介入は適しています。両親の離婚などの家庭的問題であっても、それが理由で学業に集中できなくなっている子がいれば、スクールカウンセラーはその問題を扱います。精神的な障害のある子どもが登校していれば、学校での活動に支障が出ないよう援助します。

カール・ロジャーズ以来、治療的な「心理療法」と教育的な「カウンセリング」の区別はなくなってきました。特にカウンセラーの間では、ＡＤＨＤやＬＤ、また、学校恐怖症などは、治療を要する「病」または「障害」なのではなく、子どもの持つ「個性」ととらえる見方があります。いわゆる障害は、何らかの「意味」を持つ個性であるのです。

スクールカウンセリングの目的は、すべての子どもを、その個性がどんなものであれ、学校教育の恩恵を最大限に受けることができるように支援することです。

生徒指導とスクールカウンセリング

「カウンセリング」を幅広く解釈する

アメリカでは、カウンセリングの発想と技法は、様々な教育的場面に応用のきくものであると考えられています。スクールカウンセラーは、子どもの言い分に耳を傾ける場合もありますし、好ましくない行動についての子どもの責任を明確にして厳しい対処をする場合もあります。

解決しなければならない問題があるなしにかかわらず、面談にはカウンセリングの技法をそのまま使うことができます。

学校職員や保護者との「コンサルテーション」は、職員や保護者とのカウンセリングを通して子どもの学校生活を間接的に支援するものです。スーパービジョンにおいては、スーパーバイザーとスーパーバイジー（スーパーバイズを受ける者）の関係は、カウンセリングにおけるカウンセラーとカウンセリーとの関係と同等であることが理想とされています。また、トマス・ゴードンによる教師のためのコミュニケーション技術「TET」（七五頁参照）や「ヘルピング」[1]、「危機介入」などの方法は、ロジャーズやアドラー等のカウンセリング理論を教師の指導方法に応用したものです。

教室に落ち着きのない子どもや学習課題を怠る子どもなどがいると、教科担当の教師がスクールカウンセラーに援助を求めます。スクールカウンセラーは、子どもだけでなく教師とも面談をすることによって、効果的な教育方法を、子どもや教師とともに探っていきます。心理学や社会学の理論に基づいて解決方法を示唆することもありますし、アセスメントによって解決方法を探ったり、状況が改善されているかどうかを調べたりすることもあります。そのほかにも、折にふれてニーズ調査を行い、教師の間で何が問題だと意識されているかを知る活動をしているといったようなこともあります。学校全体で問題になっているような事柄に介入するのも、スクールカウンセラーの重要な仕事です。

アメリカの学校における服装指導

学校全体で問題になっているような事柄への対応の例を、二、三挙げておきます。日本でも想定されるような状況について、アメリカではどのように対処するか、という例です。

子どもは服装を乱すことによって教師の注意をひくことができるので、服装の乱れを直そうとはしない、ということがあります。こうした問題について、スクールカウンセラーは、他の職員との話し合いを持つこともできるでしょう。話し合いの中で、乱れた服装は積極的に無視し、きちんとした服装をしている子どもを肯定的に評価する方法が提案されることがあります。乱れた服装は無視されることによって意味を失い、きちんとした服装が人の注意をひくことによって意味を帯びてくるのです。好ましくない行動に意識を向けるかわりに、好ましい行動を強化するという発想です。スクールカウンセラーは、そのような方法を実施することによって、子どもの服装がどのように変わったか、その変化が学業などにどのように影響を与えたか、職員がその結果に満足しているかということを前述のような客観的な方法で調査することもできるでしょう。

服装について指導する際に、それぞれの教師が違う基準で指導にあたるため、統一された基準で指導ができない、ということがあります。服装の指導について、ある教師が許さない範囲を、別の教師が許すことによって混乱が生じ、指導が徹底しないという状況は、よくあることです。指導基準のほうが先にあって、その基準に教師全員が合わせることを強いられる、という状況です。このような場合、指導の不徹底のほうに焦点が合わせられがちになりますが、発想を変えてみれば、すべての教師が従えないような基準設定のほうに無理がある、という見方もできます。

基準を変えることが不都合であるならば、服装担当の教師を一人決めておき、すべての子どもがその教師の基準に従う、という方法もあります。服装についての指導はすべて一人の教師が担当することとし、疑いのある子どもは、その教師のもとへ送られて統一された基準で指導が行われます。アメリカの学校では、**規律の遵守について監督する専任の職員**（「discipline teacher」）を置いている場合があります。学校によってはリソースティーチャーが子どもの服装に注意を払い、制服を貸し与えていることもあります（経済的な理由により、制服や予備の制服を準備できない子がいるため）。このようなやり方でも、生徒指導を行わない他の教師の威厳がなくなるということはなく、各教師は自分の役割分担を果たしている限り、スペシャリストとしての義務を果たしていると認識されます。

心理学に基づいた対処の仕方

アメリカでは、子どもが教室で騒がしくなった場合に、教師が大声を出してたしなめる場面は、あまり見られません。大声を出すことは、子どもを心理的に落ち着かせる結果を導かないので、例えば教室の明かりを消すなど「環境を変える」方法を使うと、子どもは心理的に沈静化する、という考えがあります。こうした方法はアメリカの小学校で実際に使われていますが、この方法は、前述の「ＴＥＴ」によるものです。

行動心理学の立場からは、叱ることは普通、行動を抑えることであり、好ましい行動を強化しているわけではないと考えられています。ですから、「当然の結末」の原理に従って、子どもが行動の責任をとるように導くことが効果的であると言われています。「叱る」ことが完全に否定されるわけではありません。子どもが、自分の身に危険をもたらす結果になるようなことを行った場合には、強く叱ってそれを制止することが必要です。

アメリカでは、子どもの望ましくない行為に対して、教師が「自分は、がっかりしている（I'm disappointed.）」という具合に自分の感じ方を表明すると、教師の認識が間違いであることを努めて証明しようとする子がいます。

また、肯定的な評価をする場合、"It is good." のような距離を置いた言い方よりも、"I like it." のように「I」を用いて表すと、好感を伝えることができます。教師やカウンセラーと子どもの関係を近づけるための、このようなコミュニケーションの方法は、「Iメッセージ」として知られています。

教室で私語をしている子に、前へ出て思う存分言いたいことを言う権利を与える、といったような、「**逆説的志向**（**paradoxical intention**）」の方法なども、学校で用いられています。このような方法を使った場合、アメリカでは、人前で恥ずかしい思いをさせるというよりも、自分の行いについて考える機会を与えるという意味合いが強くなるようです。

以上に挙げた例はアメリカの学校における教育の例で、同じことがどこでも効果的に実践できる保証はありません。

ともあれ、アメリカのスクールカウンセラーは、**ニーズ**（**必要性**）**調査**等を通じて、他の学校職員や保護者の欲する内容のサービスを行っています[2]。教師がニーズとして挙げる事柄は、子どもの暴力やセルフエスティームの問題であったり、ADHDの症状を持つ子どもの行動の問題であったりすることは多いのですが、そうしたことを含めて、ニーズに応じた広い範囲のサービスを提供することにより、スクールカウンセラーは学校の職員と密接な協力関係をつくっています。スクールカウンセラーにとってのクライアントは、学校全体（あるいはすべての子ども）であり、クライアントの福利を保障するという目的は、他の学校職員にとってもスクールカウンセラーにとっても、また、保護者にとっても、変わることはありません。

1　ここで言う「ヘルピング」は、ロバート・カーカフ（Robert R. Carkhuff）が体系化した、人間関係の構築と効果的なコミュニケーションについての技法を指しています。以下の書籍等で紹介されています。Carkhuff, R. R. (1999). *The art of helping in the 21st century*. Amherst, MA : Human Resource Development Press.

2　スクールカウンセラー向けのニーズ調査の方法やアンケート用紙の雛型が、次の書籍などに載っています。Schmidt, J. J. (1991). *A survival guide for the elementary/middle school counselor*. West Nyack, NY : The Center for Applied Research in Education.

コラム　予防（prevention）

一九六〇年代にジェラルド・キャプラン（Gerald Caplan）の提唱した概念が一般的です。問題の発生を予防することを意味する「一次予防（primary prevention）」、問題が発生した場合にそれを止め、進行を防ぐための「二次予防（secondary prevention）」、問題が去った後にそれを事後処理し、再発を予防することを意味する「三次予防（tertiary prevention）」という具合に分けて考えられています。このうち、「一次予防」だけが真の意味での予防であるという見方もできます。考え方によっては「二次予防」は「介入（intervention）」と同じ意味であり、「三次予防」は「予後（postvention）」になるためです。一方、問題への介入は、どの段階であっても、「予防」という語で括ることができるので、強いて言えばすべての介入が「予防的」です。スクールカウンセリングの強調する「予防」は、このように広い意味を持っています。

スクールカウンセラーの中には、同じ用語を使って別の概念を表す人もいます。すなわち、学校全体を巻き込んだ予防措置を「一次」、問題が発生する可能性が高い、特定の学年や学級を対象とする予防措置を「二次」、ある問題についてのリスクをかかえた個人や小集団などの予防措置を「三次」というふうに分類されていることもあります。

カウンセリングの「技法」をどうとらえるか

スクールカウンセリングをめぐる技法には、様々なものがあります。認知行動療法やゲシュタルト療法などによるカウンセリングセッションで用いられる「技法」があり、一方では、学校での生徒指導に有効であると思われる働きかけも、非常に広い意味での「技法」と考えることもできます。

そうした技法が、ともすると子どもの問題に対処するための「解答」を与えてくれるような観さえあります。例えば、子どもが授業中に意味もなく席を離れて歩き出すことが問題視されることがあります。それについて、教師がどのような対応をすればよいのか、という技術的なアイデアを、スクールカウンセラーが提示することもあるかもしれません。しかし、生徒指導の技術などは、それぞれの教育者が各自の個性で、子どもとのかかわりの中で発見していくことが本当の答えであるように思われます。技法の背後で、教師やカウンセラーが子どもと共にいるという感じを体験してはじめて、その技法が意味を持ち始めます。

日本では、技術の習得は型から入る伝統があります。その型はある程度固定しているものでなくてはなりません。刻々と変化してしまうような流儀は、つかまえどころのないものになってしまうからです。ですから、アメリカ生まれのカウンセリングの技法は、なるべく原形を保持したまま用いることが伝統を守ることであるという考えがあるのかもしれません。

一方アメリカでは、どちらかというと、技法というものはそのときそのときの状況によって変化させたり改良したりしていくべきもので、変化していくのが当然という考え方が支配的です。固定化された技法は、もはや死んだものと同然と考えられているのです。

アメリカでは、それぞれのカウンセラーが独自の方法を持っていることが理想とされています。カウンセリングの方法はカウンセラーの数だけ存在すると言われる所以《ゆえん》です。ナタリー・ロジャーズ（Natalie Rogers）は、芸術療法を通して、カール・ロジャースの技法がカウンセラーの個性に合わせてどのように応用させられるべきかを示しています。スクールカウンセラーの養成講座でも、伝統的な技法を習得した上で創意工夫をすることが高く評価されます。

タイプによる性格分類や診断名によって子どもを理解するための「答え」を性急に求めようとすることは、ときに、過度に固定した型や技法を通して人間の行動や心理的傾向をとらえようとする姿勢に似ています。

ある子どもについての診断が、複数のスクールサイコロジストや精神科医の間で一致しなかったり、診断結果がスクールカウンセラーの感じ方とは違ったりすることもあります。また、同じＡＤＨＤの診断を受けていても、程度の差もありますし、反抗挑戦性障害（Oppositional Defiant Disorder）など他の障害を伴っているかどうかによってもその現れ方は違ってくるものです。周囲からの推測で

ADHDに違いないと言われていても、実は鬱病であったり、慢性的な寝不足であったり、風邪薬の服用によるものであったりすることもあります。何よりも、子どもには個性があり、一つの作業に集中できる時間、作業の種類による集中度合いなどの違いがあります。診断名を拠り所にした型通りの対応だけでは、一人ひとりの子どもの個性に応えることができません。スクールカウンセラーは、他の専門家の見解を参考にしながらも、型にとらわれない対応をする必要があるのです。

型にとらわれないとは言え、首尾一貫した指標なく子どもの問題に対応しても、望ましい効果を得ることはできません。学校という現場において、混乱を避けるための指標になってきたものが、人間中心療法の考え方です。その核となっている考えは、あくまで子どもや人間が中心であるべきで、技法にとらわれるあまり柔軟性を欠いてはならないということです。

「解決志向ブリーフカウンセリング」を考案したデ・シェイザー（Steve de Shazer）は、心理学の知識からではなく、パーティーでの会話からその技法を思いついたと言っています。技法は、日常の生活の中にあるもので、生活と結びついた気安さのあるものです。実際のカウンセリングの場面においても、とっつきやすさがあるように思われます。

筆者は、スーパーバイザーから、「カウンセラーが一所懸命にやってはいけない」という忠告を受けたことがあります。懸命に悩むクライアントの感情を請け負ってそれにとらわれるのではなく、カウンセラーはそれをリラックスして受け止めなければいけない、ということです。自然な形でコミュニケーションを行わなければならない、ということです。カウンセラーはクライアントの問題を無理に治そうとするのではなく、クライアントが自力で何らかの方向性を探しあてることができるように支援するのです。

日本では、「スクールカウンセリング」という言葉が、狭い意味で用いられる場合があります。カウンセリングの技法は、外国で発明された、治療用の特殊な技法であり、自然な会話とは一線を画するというイメージがあるのかもしれません。

アメリカでは、どちらかというと、「カウンセリング」や「カウンセラー」という言葉を広い意味で使うことが多く、極端な例を挙げると、相談に応じながらクライアントとともに問題解決にあたる弁護士の法廷での呼称は、「counselor」です。[3] カウンセリングの技法は、パーティーでの会話に通ずるような、自然なコミュニケーションの方法なのです。しかし、その自然なコミュニケーションをカウンセリングとして成り立たせるためには、専門的な訓練が必要です。カウンセリングの恩恵は誰でも受けることができ、その考え方を日常の中で応用することはできますが、それでもなお、スペシャリストとしてのスクールカウンセラーは、意味のある存在となっています。

3　日本でも「カウンセラー」という言葉は多用されますが、本来ならば「advice」や「suggestion」、さらには「psychic message」と言うべきものも「カウンセリング」と呼ばれており、これは、「カウンセリング」の語を広い意味で用いているというよりも、誤用であると思われます。

文化の違いをどのように考えるか

スクールカウンセリングの場面で使われる数々の技法は、すでに日本でも紹介されています。ピアサポートなどいくつかのプログラムも、日本で盛んに実践されています。教育活動を支援する非営利団体も設立されるようになりました。日本のスクールカウンセリングは、その名称（「school counseling」）がアメリカで使用されているものからの借入であることから見ても、アメリカにおけるスクールカウンセリングに倣《なら》ったものであると思われます。日本で紹介されている技法やプログラムを並べてみると、アメリカにおけるスクールカウンセリングの実態は、かなりの程度まで把握することができそうです。

しかし、そうして集められる技法の総和が、アメリカのスクールカウンセリングになるわけではありません。同じ技法を使っていても、アメリカにおけるカウンセリング・セッションは、日本のそれとは異なる雰囲気を持っています。人と人とのかかわり方が違っており、学校という文化も違っているのですから、カウンセリングのあり方も違ったものになることは、当然と言えば当然です。日本のスクールカウンセリングは、アメリカのスクールカウンセリングの機能の一部を、アメリカ的な脈絡(コンテクスト)から切り離して採用せざるを得ないのです。

前述のように、アメリカのスクールカウンセリングは、ボストン職業事務所による就職指導に始まります。就職の支援は学校の中でも行われるようになり、それがスクールカウンセリングへと発展していきます。心理面の支援については、地域にカウンセリングセンターなどが設置され、一方では、学校で学ぶ子どもを支援するために、常勤のスクールカウンセラーが置かれます。特別な配慮を要する子どもの支援のためには、スクールサイコロジストが早くからその活動を開始していました。スクールカウンセリングは、こうした流れの中で、子どもへの支援活動の一環として発展してきたものです。スクールカウンセラーは、学校教育を担うチームの一員であると同時に、その活動は、地域社会による支えによって成り立っています。

日本のスクールカウンセリングは、児童生徒や学校の問題が意識されたことから始められたわけですが、それまでに学校内に存在していた「生徒指導」などのプログラムとは別個のものとして、いわば付け加えられた形になっています。アメリカのスクールカウンセリングが、学校教育の一部であったガイダンス・プログラムから直接的に発展したものであることとは対照的です。アメリカのスクールカウンセリングは、「生徒指導」をどのようにしたらよいかという脈絡の中で展開しているものです。

発達支援という観点から見れば、スクールカウンセリングがその機能を十分に果たすためには、アメリカの例を見るまでもなく、学校を土台にした教育システムの中に組み込まれている形がよいと思われます。スクールカウンセラーが、たとえ非常勤の臨床心理士であるにせよ、学校教育についての第三者あるいは外部の専門家とみなされるのではなく、学校教育を担うチームの一員と認識されるような形です。「学校」教育という土台を抜きにした「スクール」カウンセリングは、その機能を十分に果たすことができないと考えられるからです。

アメリカで発展したカウンセリングの技法を、その背景となっている「文化」を考慮せずに利用することは、表面上は可能です。それぞれのカウンセラーが各自の個性でカウンセリングの型を解釈して使えばよいと言うのであれば、文化の問題を無視することはできるでしょう。そのようにして、日本では、アメリカにおけるカウンセリングの型を取り入れることはできます。一方、その背後にある文化を完全な形で取り入れることは不可能なことですし、適当なことでもありません。ただ、アメリカにおけるスクールカウンセリングがどのような文化の中で発展してきたかということに注意を向ければ、その意味が明らかになり、日本の文化の中で、より有効に活用する方法を考えることができるかもしれません。

カウンセリングの根底にある発想は、西洋の思想を基礎として、人がどのように生きればよいかを考えることと関連しています。社会的活動やカウンセリング的介入などの行動（action）が人類の幸福につながるという、ヒューマニズムや広義のプラグマティズムに通ずる考えは、欧米の伝統の中で発展してきたものです。そうした考えを取り入れることによる発想の転換は、日本的な問題についての解答を得るための糸口になるかもしれません。かつて、ジョン・デューイによる教育方法は、日本の文化的状況や教育の状況の中にあっては、そのままの形では実現することが難しいものであったにもかかわらず、日本の学校教育に影響を与えてきたのです。異なる文化で発展してきた方法を取り入れることは、教育についての考え方を柔軟にするように思われます。

今後もアメリカで考案された様々なプログラムや技法が、日本の学校教育の中に紹介されていくものと思われます。その際には、それらのプログラムや技法が成立する背景となった文化、また、日本の文化を考慮しながら、どのように活用できるか（または、なぜできないか）を検討する必要があると思われます。スクールカウンセリングに割り当てられる予算は、無尽蔵にあるわけではありません。効果が少ないかもしれないカウンセリングの方法をやみくもに使用するのは、コストパフォーマンスやアカウンタビリティの点で、優れたやり方とは言えません。

アメリカのスクールカウンセリングが示唆すること

アメリカのスクールカウンセリングについては、その歴史の中で様々な模索がなされてきましたが、決して完璧なものではありません。仕事内容の整理や、学校教育における問題への対応など、多くの課題が残されています。そうした課題は、単にプログラムの内容を改善しただけで解決するとも思われません。スクールカウンセリングのプログラムは、ますます、他のスペシャリストとの協働（コラボレーション）によって機能することが求められることでしょう。社会から認知され理解されることも重要であると考えられます。

より多くのスクールカウンセラーが求められるような状況になれば、その分だけスクールカウンセラーの個性も多様になります。カウンセラーの増加が質の低下につながらないように、カウンセラーどうしや他のスペシャリストによる、技術・情報の交換や協力関係が求められます。

日本でも、スクールカウンセラーをめぐる学校内外でのチームづくりが、より一層必要になると思われます。そうした場合の例として、アメリカにおける、スペシャリストの協働という意識が参考になるかもしれません。

アメリカのスクールカウンセリングにおける柔軟性は、アメリカの文化に根ざしたものです。実際に役立つかどうかを重視するカウンセリング心理学の考え方は、刻々と変化する学校の状況に即応していきます。その変化の速さから、方法論について落ち着いて考えることができない、といった批判もありますが、いつの時代にもどんな問題にも合うような方法は存在しない、と考えるほうが現実に即しています。「スクールカウンセリング」を広い意味でとらえ、各学校の状況に応じて治療的にも予防的にも機能する可能性のある制度をつくることが、今後の発展につながると思われます。

カウンセラーが柔軟性を持つことで、クライアントとしての子どもの実情に合わせた効果的なサービスが可能になります。カウンセラーの自由度を高くし、様々なアプローチを試みる中で、どのような形が効果的であるのかを探っていく必要があるでしょう。それは、決して一様で固定したものではなく、変化に富む、実践的な形であるはずです。

学校教育を担うチームの一員としての、個人的な感情に左右されない「スペシャリスト」としての姿が、アメリカのスクールカウンセラーの提供するものです。それは、日本文化の中では、あまりに目的指向的であるような印象を与えるものかもしれません。そうしたアメリカ的な部分を、日本ではどうとらえていけばよいのかを考えることが、スクールカウンセラーにとって、また、学校教育に携わるそのほかの者にとっても、一つの課題であるように思われます。

コラム　スクールワイド・プログラム（school-wide program）

いわゆる学校行事のことで、その企画と運営をスクールカウンセラーが担当している場合があります。すべての行事を担当するわけではありませんが、必要だと思われるプログラムを計画し実施する義務があります。

アメリカには、日本の学校の運動会や文化祭、修学旅行などといった、形の決まった学校行事がありません。どのような行事を実施するかについても、学校の特徴が表れます。

学校行事の一例として、「ドレスダウンの日（dress-down day）」や「パジャマの日（pajama day）」といった、啓蒙的な企画がありま す。前者は、子どもと教師が制服やネクタイをはずして普段着で登校してよい日です。後者は、子どもがパジャマ姿で登校してよい日で、主に小学校で実施されます。ともに、その日に「洋服代を倹約した」ことにして子どもや教師から小銭を集め、学校でまとめて、「癌予防協会」などの団体に寄付するとともに、病気や社会問題についての関心をひくことを目的としています。

日本の学芸会に当たるものに、「talent show」があります。子どもたちがそれぞれ得意な出し物（歌、踊り、手品、空手など）を披露する行事で、保護者が見ることのできる時間帯に行われます。入場料を課して図書の購入にあてることもあります。特別活動など学校教育で必要な資金の一部を、子どもがチョコレートを売ったり洗車サービスをしたりして集めることは、日本の学校ではあまり見られない習慣です。

日本の運動会に似た「スポーツの日（sports day）」など、様々な行事がありますが、日本の体育祭、文化祭や修学旅行のような大がかりな行事は、学校ではあまり行われません。

あとがき

アメリカのスクールカウンセリングのプログラムやスクールカウンセラーの仕事について、どのようにとらえるかについては、様々な選択肢があります。日本におけるスクールカウンセリングとはあまりにかけ離れているので、参考にはならない、と考えることも一つの可能性です。日本以上に暴力の問題などが多いアメリカの教育は、参考にするに値しない、として顧みない態度もあります。アメリカで発展した「カウンセリング」的な発想を、もっぱら奇異なものであるとする見方もあるでしょう。カウンセリングが、どのような文化的背景と思想を土台にして発展してきたのかを知り、どのように受け入れたらよいのかを考える、という方向性もあります。カウンセリングという道具あるいは資源を、少なくとも何かを考えるための材料にすれば、使えるにせよ使えないにせよ、まったく無駄なものにはならないだろう、と思う人もいるかもしれません。どのような文化的基盤に基づく技法であれ、とにかく試してみて役に立つかどうかを考える、という態度もあるでしょう。

異なる文化の中では、「臨床心理学（クリニカルサイコロジー）」や「カウンセリング」といった基本的な概念でさえ、もはや同じものではありません。どのような態度で臨むにせよ、「スクールカウンセリング」あるいは「教育相談」は、日本で新しい意味を持ち始めていることに違いありません。

＊　＊　＊

アメリカのスクールカウンセリングについてまとめるアイデアは、保坂亨先生（千葉大学）からいただいたものです。本書の内容は、筆者がゲストとして千葉大学教育学部の講座に出席した際に用意したものが土台になっています。内容全般に関して、受講者の方々をはじめとして、様々な方からヒントをいただきました。千葉県子どもと親のサポートセンター支援事業部の皆さん、千葉県教育庁企画管理部の皆さんとの、折に触れての話し合いからは、本書でどのような内容を取り上げたらよいかについてのアイデアを得ています。

プレスリー範子さんには、アメリカからの資料の調達を手伝っていただきました。そして、Pleasant Grove Elementary School、Stuart Middle School（以上、ケンタッキー州）、Charlestown Middle School（インディアナ州）の職員や生徒の皆さんをはじめとして、筆者にスクールカウンセリングを体験する機会を与えてくださったいくつかの学校の関係者の援助によって、本書は可能になりました。また、ほんの森出版の兼弘陽子さんには、草稿に目を通していただき、本書の構成についての示唆を受けています。

ご支援やご協力をいただきながらお名前を載せられなかった方々を含め、この場を借りてお礼申し上げます。拙著を読んでくださる方々にも、心から感謝いたします。

二〇〇六年初夏

高原晋一

高原晋一（たかはら　しんいち）

千葉県の高等学校教諭を12年間務めた後、米国ロードアイランド州プロビデンス大学でガイダンス・カウンセリングについて学ぶ。一時帰国後、米国ケンタッキー州立ルイビル大学大学院で、学生として「カウンセリングとパーソネル・サービス」を専攻し、研究助手も兼ねる。ジョン・デューイ・フェローシップ奨学金賞、米国・教育研究学会（AERA）2005年度カウンセリング部門優秀論文賞を受賞している。Ph.D.。現在は、千葉県内の中学校・高等学校でスクールカウンセラーとして働いている。

1人の子どものニーズに応えるシステム
アメリカのスクールカウンセリング

2006年7月20日　初版発行

著　者　高原晋一
発行者　佐藤　敏
発行所　ほんの森出版(株)
〒190-0022　東京都立川市錦町 2-1-501
☎042(548)8669　FAX 042(522)1523
ホームページ　http://www.honnomori.co.jp

印刷・製本所　電算印刷株式会社
ISBN 4-938874-54-7 C 3037　落丁・乱丁はお取り替えします